KB065237

『삼국유사』 읽기

세창명저산책_087

『삼국유사』 읽기

초판 1쇄 인쇄 2021년 9월 24일
초판 1쇄 발행 2021년 10월 1일

\-

지은이 최광식
펴낸이 이방원
기획위원 원당희
편 집 정조연 · 김명희 · 안효희 · 정우경 · 송원빈 · 조상희
디자인 손경화 · 박혜옥 · 양혜진 **영 업** 최성수

\-

펴낸곳 세창미디어
신고번호 제2013-000003호 **주소** 03736 서울시 서대문구 경기대로 58 경기빌딩 602호
전화 723-8660 **팩스** 720-4579 **이메일** edit@sechangpub.co.kr **홈페이지** http://www.sechangpub.co.kr
블로그 blog.naver.com/scpc1992 **페이스북** fb.me/Sechangofficial **인스타그램** @sechang_official

\-

ISBN 978-89-5586-707-7 02910

세창명저산책_087

『삼국유사』 읽기

최광식 지음

세창미디어
MEDIA

흔히 『삼국유사』를 『삼국사기』와 비교하여 본사에 대한 유사, 또는 정사에 대한 야사라고들 일컫는다. 이는 경주부사 이계복이 조선시대 중종 대에 『삼국사기』와 『삼국유사』를 간행하면서 발문에서 『삼국사기』를 본사本史라 하고, 『삼국유사』를 유사遺事라고 서술하면서 비롯된 것이다. 그리고 최남선이 『삼국유사』 해제를 하면서 『삼국사기』를 정사正史, 『삼국유사』를 야사野史라고 일컬으면서 보편적으로 받아들여지고 있다. 그런데 과연 『삼국유사』는 본사에 대한 유사이며, 정사에 대한 야사에 지나지 않는 것일까?

일연이 고려 후기에 자료를 어렵게 모아 가면서 『삼국유사』를 집필한 것이 반드시 『삼국사기』에서 부족한 것들을 보충하기 위한 목적이었을까? 물론 『삼국유사』는 김부식이 『삼국사기』를 유교적 사관에 의해 집필하고 간행하였기 때문에, 이에 대한 불만을 느낀 일연이 우리의 민족문화유산을 남기겠다는 의지를 가지고 집필한 것이다. 그러나 일연은 『삼국사기』뿐만 아니라 그 이전에 간행된 이규보李奎報의 「동명왕편東明王篇」을 보았고, 각훈覺訓의 『해동고승전海東高僧傳』도 보았으며 인용도 하고 있다. 따라서 일연이 편찬한 『삼국유사』는 『삼국사기』만을 의식하여 간행한 것이 아니라, 그 이전에 편찬된 각종 사서와 고승전 및 문집을 참고하여 일연의 편찬 목적에 따라, 민족의 문화유산을 남기고자 편찬되었던 것이다. 앞으로 일연이 『삼국유사』를 편찬한 배경과 간행 시기, 체제와 내용을 권별로 살펴보고, 역사적 성격과 문화적 가치와 의미, 문화사적 의의와 후대의 영향에 대해 살펴보기로 하겠다.

사진을 흔쾌히 제공해 준 최희준 박사와 교정을 꼼꼼히 보아준 세창미디어의 정조연 선생에게 감사를 드린다.

2021년 여름,
안암의 언덕에서
최 광 식

| 차례 |

1장
일연과 『삼국유사』

『삼국유사』를 편찬한 일연은 고려 희종 2년(1206)에 경북의 경산에서 태어났는데 속성은 김씨이며, 이름은 견명見明이다. 아버지는 김언필金彦弼이며, 어머니는 낙랑부인이라고 하는데, 지방 향리층 출신으로 일찍부터 아버지를 여의고, 홀어머니 밑에서 자랐다. 9살이 되던 해(1214), 전남 광주에 있던 무량사無量寺에 가서 공부하기 시작하였고, 14살의 나이(1219)에 강원도 양양의 진전사陳田寺에서 머리를 깎고 승려가 되었다. 진전사에서 소년 견명에게 구족계를 내려 준 이는 대웅大雄이라는 큰스님이었고, 이때부터 속명을 버리고 법명으로 회연晦然을 사용하였다.

군위 인각사 일연 초상(© 한국학중앙연구원, 유남해)

진전사에서 가지산문迦智山門에 입산한 이후 일연의 생애는 대체로 네 시기로 나누어 볼 수 있다. 첫째, 대구광역시 달성군 포산(비슬산)의 여러 암자에서 주석하던 시기(1227-1248), 둘째, 정안鄭晏의 초청에 의하여 남해의 정림사와 길상암에 머물던 시기(1249-1260), 셋째, 원종의 명에 따라 강화도 선월사에 주석한 이후 경상도 지역의 사찰에 주석하던 시기(1261-1276), 넷째, 충렬왕의 명에 따라 청도 운문사에 주석하다가 국존國尊에 책봉되고 입적한 말년까지 군위 인각사에 주석하던 시기(1277-1289)이다.

일연은 22살이 되던 고종 14년(1227), 승려들이 보는 시험인 승과에 합격한 뒤, 달성군에 위치한 비슬산으로 들어가 보당암寶幢庵에서 참선을 하며 수행을 하였다. 그가 비슬산에서 은둔하며 수도에 정진하던 당시는 몽골의 침입으로 인해 수십 년 동안 고려의 전 국토가 병란에 시달리던 시기였다. 몽골은 고종 18년(1231), 고려에 대한 제1차 침입을 단행한 뒤, 약 30여 년 동안 7차례에 걸쳐 침략과 퇴각을 반복하며 고려인들의 삶을 전쟁과 공포의 구렁텅이로 몰아넣었다. 당시 일연은 몽골군의 병화를 피하여 20년이 넘는 기간을 보당암, 무주암, 묘문암 등 비슬산의 여러 암자들에 주석하며 수행하였다. 고종 23년(1236)

에 몽골군이 침입해 왔을 때 일연이 병란을 피하고자 '문수오자주文殊五字呪'를 염불하자 문수보살이 나타나 무주암에 거하라고 하였다고 한다. 이를 따라서 31세(1236)에 비슬산의 무주암으로 옮겨 수행하다가 삼중대사를 제수받았으며, 32세(1237)에는 묘문암으로 옮겨 수행을 계속하였다. 41세(1246)에 깨닫고 선사의 법계를 제수받았다. 현풍 쪽에서 비슬산을 오르면 정상인 천왕봉에 가기 전에 현재 대견사라는 절이 있는데 그 부근에 있었던 보당암, 무주암, 묘문암 등 암자에서 수행하였다.

그러던 중 44세가 되던 고종 36년(1249)에 당시 재상이었던 정안의 초청으로 경남 남해의 정림사定林寺에 주석하게 되었다. 정안은 무신집권자 최이의 처남으로 몽골의 병화를 피하여 남해에서 살며 팔만대장경의 일부를 간행하였는데 정림사는 불교에 심취한 정안이 자신의 집을 희사하여 세웠던 사찰이었다. 2013년에 경남발전연구원 역사문화센터가 고려대장경 판각 추정지(전 선원사지)를 발굴하면서 원숭이 모양 연적 등 고려시대 유물들이 발견되어 이곳을 정림사 터로 추정하고 있다. 일연은 당시 '남해분사대장도감南海分司大藏都監'에서 진행하고 있었던 대장경 간행에 참여하였으며, 최항이 정권을 잡은 후 정안이 살해되자, 51세(1256)에 남해의 길상암吉祥庵으로 옮겨 『조동오위曹洞五位』라는 책을 중편하는 데 힘썼다. 길상암에 머물던 중 54세의 나이(1259)에 대선사라는 법계를 제수받고, 다음 해(1260)에 『중편조동오위重編曹洞五位』를 간행하였다. 일연이 대선사가 된 1259년을 전후한 시기는 대내외적인 정세가 격변하던 시기로서, 최씨 무신정권이 붕괴되고 강화도에 천도하였던 고려 조정이 몽골에 항복함으로써 강화가 성립되었다.

원종 2년(1261), 무신정권이 끝나고 왕정이 복고되면서 일연은 왕명을 받고, 당시 수도였던 강화도 선월사禪月寺의 주지가 되어 지눌의 법통을 계승하였다. 일연은 중앙 정계와 관련을 맺게 된 이후 이를 배경으로 가지산문의 근거지인 경상도 지역의 여러 사찰에 주석하면서 가지산문의 재건에 노력하였다. 원종 5년(1264)에는 포항에 있는 오어사吾魚寺에 잠시 머물렀다가, 원종 9년(1268), 왕명에 의하여 운해사에서 선종과 교종의 이름난 100명의 승려들과 함께 '대장경조조 낙성회大藏經彫造 落成會'를 주관하여 불교계의 중심 인물로 부각되었다. 충렬왕忠烈王 즉위년(1274)에는 비슬산 인홍사仁洪社를 충렬왕의 사액에 의해 인흥사仁興社로 개명하고 주석하게 되어 15년 만에 다시 젊은 시절에 수행했던 비슬산 지역으로 돌아와서 살게 되었다. 이곳 인흥사에서 일연은 가지산문도를 동원하여 『삼국유사』의 「왕력」편과 관련된 『역대연표歷代年表』를 찬술하였는데 일연이 주지를 마치고 나서 1년 뒤에 『역대연표』가 간행되었다. 또한 비슬산의 동쪽 기슭에 있는 용천사涌泉寺를 중수하여 불일사佛日社로 개칭하기도 하였다. 인흥사 터에는 지금 3층석탑이 남아 있으며, 조선시대에는 인흥서원이 들어섰고, 지금은 남평 문씨 세거지로 남평 문씨들이 모여서 집성촌을 이루며 살고 있다.

충렬왕 3년(1277), 일연은 왕명을 받아 72세의 나이로 청도 운문사雲門寺의 주지가 되었다. 이때부터 『삼국유사』와 관련된 자료를 본격적으로 모으기 시작한 것으로 보인다. 충렬왕은 찬시讚詩를 직접 지어 보내기도 하고, 동왕 7년(1281) 6월에 동정군東征軍의 격려차 경주에 갔을 때, 행재소에서 일연을 만나 법문을 청하기도 하였다. 충렬왕 8년 (1282)에 왕명을 받아 당시 수도였던 개경의 광명사廣明寺에 주석할 당시, 왕은 왕비와 함께 광명사에 행차하여 일연을 찾아보기도 하였다. 충렬왕 9년(1283)에 나이 78세에 이르러 일연은 왕에 의해 최고의 승직인 국사國師로 추대되어 국존國尊으로 책봉을 받았다. 이 당시 몽골족이 세운 원나라가 고려를 간섭하고 있었기 때문에 국사가 아니라 국존으로 책봉이 된 것이다. 그러나 노모가 병이 들어 보살피기 위해 운문사로 돌아가 주석을 하였다. 충렬왕 10년 79세가 되던 해(1284), 노모가 96세 나이로 세상을 떠나자 고려 조정은 경북 군위의 인각사麟角寺를 그의 하산소下山所로 삼아 주석하도록 하였다. 일연은 국존이 된 이후 인각사에서 2회에 걸쳐 '구산문도회九山門徒會'를 개최하였는데 이는 가지산문을 중심으로 하여 불교계 전반을 주도한 것으로 보인다. 이러한 과정에서 가지산문은 왕권과 밀착하여 무신란 이후 불교계의 주류를 이루던 수선사와 백련사를 대신하여 원 간섭기에 불교계의 중심 세력이 되었다.

현재 일연 노모의 묘소가 인각사 부근에 있는 것으로 보아 어머니의 고향이 이 근처였던 것 같다. 이승휴가 삼척 천은사에서 『제왕운기帝王韻紀』를 집필하고 만년을 보냈는데 삼척이 이승

인각사 보각국사탑
(국가문화유산포털 웹사이트에서 전재)

휴 어머니의 고향이었던 것과 마찬가지라고 하겠다. 이후 일연은 인각사에 주석하며 84세 나이로 입적할 때(1289)까지 『삼국유사』를 본격적으로 집필하였다.

『삼국유사』의 편찬자에 대해서는 종래에 아무런 의심이 없이 일연일 것이라고 인식하여 왔다. 그러나 『삼국유사』를 면밀히 살펴보면 권5의 앞에 일연이 찬술한 것으로 명기되었을 뿐, 권1-4에는 편찬자의 이름이 명기되어 있지 않다. 또한 「탑상」편 '전후 소장 사리前後 所藏 舍利' 조와 「의해」편 '관동풍악 발연수석기關東楓嶽 鉢淵藪石記' 조의 마지막 부분에 무극無極이 썼다는 기록이 있어서 일연 사후에 다른 이에 의해 첨가되었다는 것을 알 수 있다. 또한 일연의 탑비에 100여 권의 저서 이름이 명기되어 있으나 『삼국유사』의 서명은 보이지 않는다. 따라서 일연이 쓴 것은 확실하나 일연 이외의 인물이 찬술한 것도 있으며, 적어도 일연의 생전에는 간행되지 않았다고 할 수 있다. 그러나 일연이 『삼국유사』를 저술하지 않았다고 인식하는 것은 문제가 있다. 일연이 『삼국유사』의 전체적인 구상을 하여 편목을 구성하였으며, 일연이 전체를 모두 저술하였는지는 확실하지 않으나 적어도 권5만은 일연이 저술한 것이 틀림이 없다. 그리고

「탑상」편을 보면 일연이 직접 현장을 답사하면서 불교문화유산에 대해 언급한 여러 조목이 수록되어 있다. 따라서 권5뿐만 아니라 「탑상」편도 일연이 저술하였다는 것을 알 수 있는 것이다. 그렇다면 「기이」편이나 「흥법」편 및 「의해」편 등, 다른 권들도 일연이 저술하였을 것으로 보는 데 무리가 없을 것이다.

또한 무극이 기록하였다는 두 조목을 제외하고는 다른 사람이 썼다는 기록이 없다. 따라서 일연 이외의 인물이 저술에 참여하였다고 하더라도 그것은 일연과 일정한 관계를 가지고 있는 인물일 것이다. 특히 무극이 일연의 제자라는 점을 감안한다면 다른 인물들도 아마 일연의 제자들이라고 보아도 무방할 것이다. 무극은 일연과 함께 가지산문 출신으로서 일연의 직계 문도는 아니었으나 일연을 정점으로 가지산문이 부상하여 불교계의 교권을 장악하게 되자 일연의 제자가 되었다가, 일연의 입적을 계기로 후계자가 된 인물이다. 따라서 무극은 일연의 직계 제자가 아니며, 가지산문의 대표자로서 이름을 남겼을 것이다. 직계 제자인 문도들은 아예 이름을 남기지 않았다고 볼 수 있다. 따라서 『삼국유사』는 일연이 구상을 하고, 제자들과 함께 자료들을 모아 완성한 작품이라고 할 수 있다. 『삼국사기』

도 김부식이 모두 다 저술한 것이 아니라 김부식이 체제와 내용을 구성하는 것을 총괄하고, 31개의 사론을 쓰고 완성된 것을 감수한 것이다. 그렇지만 우리는 『삼국사기』를 통하여 김부식의 역사인식을 살펴볼 수 있으며, 『삼국사기』의 편찬자를 김부식이라고 보고 있다. 따라서 『삼국유사』를 통하여 일연의 역사인식을 살펴볼 수 있으며, 『삼국유사』의 편찬자를 일연이라고 보고 있는 것이다.

2장
『삼국유사』의 편찬 배경과 간행 시기

고구려에는 『유기留記』라는 사서가 있었으며, 말기에 『신집新集』이 이문진李文眞에 의해 편찬되었고, 백제에서는 고흥高興에 의한 『백제서기百濟書記』가 편찬되었다. 한편 신라에서는 거칠부居柒夫에 의해 『국사國史』가 편찬되었으며, 통일신라 시기에는 김대문金大問의 『계림잡전鷄林雜傳』과 최치원崔致遠의 『제왕연대력帝王年代曆』이 편찬되었다. 후삼국을 통일하고 나서 고려 초기에 소위 『구삼국사舊三國史』가 편찬되었으나 이들 사서들은 지금 전해지지 않고 있다. 그 후 고려 중기에 유학자인 김부식에 의해 『삼국사기』가 간행되었으나 신라 중심으로 유교적 입장에서 편찬되었다. 이에 불만을 느낀 이규보가 「동명왕편」을 지어 고구려의 웅혼함을 보이고자 하였다. 한편 각훈覺訓은 우리나라 고승들의 일대기를 지은 『해동고승전海東高僧傳』을 편찬하였다. 고려 후기 일연은 신라사 중심으로 서술된 『삼국사기』와 고구려 중심으로 서술된 「동명왕편」을 넘어서 고조선을 시작으로 고대사 전체의 체계를 새로이 확립하고자 한 것이다. 그래서 『삼국유사』의 맨 첫 번째 조목을 '고조선'으로 하고 이후 '위만조선', '마한', '2부', '72국', '낙랑국', '북대방', '말갈 발해', '이서국', '5가야', '북부여', '동부여' 등을 논하고 나서 고구려와 백제 및 신라에 대해 편목을 편성하고 있는 것이다.

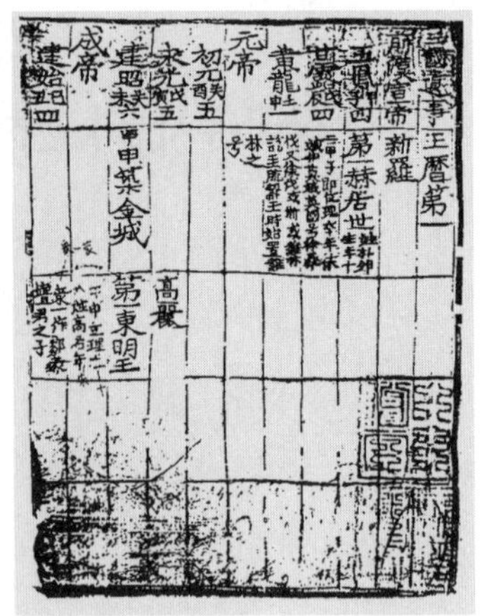

『삼국유사』「왕력」
(중종 임신본, 고려대학교 만송문고 소장)

고려가 후삼국을 통일하고 나서 초기에는 옛 고구려 지역의 호족들이 개국공신 세력으로 고려의 핵심 세력이었으나, 광종光宗 대에 과거제가 실시되고 나서 옛 신라 지역의 육두품 출신들이 관계에 진출하였다. 그리고 성종成宗 대에 유교 중심의 통치가 행해지고 신라 왕실의 외손인 현종顯宗이 왕위에 오르고, 귀족 중심의 정치가 행해지면서 옛 신라 세력이 지배 세력으로 부상을 하게 된다. 더구나 옛 고구려 지역 세력으로 상징되는 서경파인 묘청妙清의 난이 진압되고, 옛 신라 세력의 수장이라고 할 수 있는 김부식이 집권 세력이 되면서 그는 신라를 중심으로 하고 유교를 이념으로 하는 『삼국사기』를 편찬하였던 것이다. 그러나 옛 고구려 지역의 무장들이 중심이 되어 무신의 난을 일으켜 집권하고, 이에 대응하여 옛 신라 지역에서 반란이 일어나면서 다시 고려가 계승의식을 가진 고구려에 대한 관심이 고조되면서 이규보는 「동명왕편」을 지었던 것이다. 그리고 우리 문화와 불교에 관심이 고조되면서 각훈은 중국의 고승전을 참고하여 『해동고승전』을 지었던 것이다.

그러나 일연은 몽골의 침입에 대항하기 위하여 정계와 불교계, 지배층과 피지배층, 무신과 문신, 중앙과 지방, 불교와 유교 등을 아우르면서 민족의 대단결을 이루어야 하겠다는 의지를 가지고 『삼국유사』를 찬술하였다. 그래서 고구려와 신라에 앞서 고조선을 맨 앞 조목에 편성하고, 북부여와 동부여, 마한과 진한 및 변한의 삼한 등을 기록하였던 것이다. 더구나 가야와 발해까지도 편목을 하여 한반도와 그 북방 지역에 있었던 고대 국가들을 망라하였던 것이다.

일연은 남해의 정림사와 길상암에 있을 때 불력佛力의 가호로 몽골의 침략을 물리치고자 하였던 대장경의 간행에 참여하였으므로 민족문화유산에 대한 관심이 남달랐다. 그리고 강화도에 가서 중앙의 정치를 바라보면서 무신 세력과 문신 세력의 단합의 필요성을 절감하였을 것이다. 따라서 옛 고구려 세력이니 옛 신라 세력이니 하는 파벌을 넘어서 고구려나 신라 이전에 건국되었던 고조선에 관심을 가졌던 것이다. 당시 강화도에는 마니산에 참성단이 있어서 단군에 대한 제사 의례를 지내며 민족의 단합을 도모하고자 하는 움직임이 있었다. 이에 일연은 민족 구성원의 민족의식을 고취하기 위하여 민족의 원시조인 고조선의 단군에 주목을 하였던 것이다. 냉전 시기에 남한에서는 신라를 중심으로 한 통일을 강조하였으며, 북한에서는 고구려의 주체성을 강조하였으나, 지금은 남·북한 모두 고조선의 단군을 민족의 원시조로 강조하고 있는 것과 비슷한 양상이라고 하겠다.

한편 일연은 다시 지방의 사찰들에 돌아와서 지방 사회의 백성들의 삶을 살펴보면서 이러한 국가적 위기는 지배층뿐만 아니라 피지배층인 백성들도 함께 단합해야 이겨 낼 수 있다는 것을 절실히 느꼈을 것이다. 따라서 『삼국사기』가 왕이나 장군 및 재상 등 지배층에 주목하였다면, 일연은 피지배층인 백성들에게도 주목을 하고, 특히 지방민들에게도 연민의 정을 느꼈다. 그래서 지방 사회의 백성들의 생활과 신앙에 남다른 관심을 보이고 그들의 이야기를 수집하여 『삼국유사』에 수록한 것이다.

『해동고승전』은 5권 중에 두 권이 남아 있는데 권1에는 고구려에 불교를 전한 순도를 비롯하여 신라의 승려와 외국에서 들어온 11명의 승려 전기가 수록되어 있으며 권2에는 중국과 인도에서 유학한 승려 22명의 전기가 실려 있다. 그런데 『해동고승전』은 자료를 일부 가필하고 윤색하여 수록하고 전거를 밝히지 않은 것이 많은 데 비해 『삼국유사』는 원자료를 보다 충실하게 인용하였다. 일연은 「흥법」편과 「의해」편에서 고승대덕들에 대한 전기를 남겼으며, 아울러 백성과 노비들의 신앙에도 관심을 가져서 신분이 낮은 서민들도 부처가 될 수 있다는 믿음을 전하려 하였다. 가난한 백성이나 노비들도 성불할 수 있다는 그 당시로 보아서는 가히 혁명적인 발상을 하고 그들에 대해 기록을 남겨 놓은 것이다. 가장 낮은 신분의 사람들도 성불할 수 있다는 믿음을 주어 오랜 전란에 지친 민중들로 하여금 신앙적 활로를 갖도록 하기 위한 현세구원적인 의미가 컸다고 생각한다.

일연은 대장경의 편찬에 관여하면서 민족의 문화유산을 남겨야 하겠다는 뜻을 가졌으나 왕정복고가 되면서 개경에 왕명으로 불려 가서, 이를 찬술할 시간을 갖지 못하다가 인홍사에 주석하면서 자료들을 모으고 찬술을 시작하였다. 그러나 왕명으로 '대장경조조 낙성식大藏經彫造 落成式'을 개최하는 등 공식적인 행사들로 인하여 집필이 늦어졌다. 그러다 운문사 주지가 되면서 본격적으로 자료를 모았고, 국존에 추대되고 노모가 세상을 떠나고 나서 인각사에 주석하면서 본격적인 집필을 하여 그가 입적하기 전에 마무리를 할 수 있었다. 그런데 「보각국존비명普覺國尊碑銘」에 새겨진 『선문염송사원禪門拈頌事苑』 30권 등 100여 권의 저서 목록에는 『삼국유사』가 보이지 않는다. 아마도 일연의 사후, 제자인 무극이 문도들과 함께, 무극이 입적한 해인 1322년 이전에 『삼국유사』를 간행한 것으로 보인다.

그 후 조선 왕조 건국 직후인 1374년 재간행이 되었는데 우리는 이것을 '고판본'이라고 부른다. 이 고판본이 처음으로 간행된 초간본이라는 견해가 있으나, 고려 말 공민왕 10년(1361)에 작성된 「경주사수호장행안서慶州司首戶長行案序」에 『삼국유사』 「기이」편 '신라 시조 혁거세왕' 조가 직접 인용되어 있어서 그 이전에 간행된 것이 확실하다 하겠다. 또한 이첨(1345-1405)의 문집에서 인용된 고판본과 다른 『삼국유사』의 기록, 그리고 1484년에 편찬된 『동국여지승람』 및 김종직의 시에 보이는 이본 『삼국유사』의 기록 등의 존재를 통해 볼 때, 조선 초기 고판본 이전인 고려 후기에 『삼국유사』가 간행되어 유통되었을 가능성이 크다고 하겠다. 그리고 고려시대 초간본의 간행 시기는 고판본과 임신본壬申本의 간행 시기와 무극의 입적 시기(1322)를 고려할 때, 1310년대였을 것으로 생각한다.

조선 왕조가 건국되고 나서 1394년 경주부에서 고판본이 간행되고, 중종 7년(1512)에 경주부에서 다시 간행되었는데 이것을 '중종임신본'이라고 부른다. 『삼국유사』는 조선시대 『동국통감東國通鑑』이나 안정복의 『동사강목東史綱目』 등에 인용이 되었지만 "이단의 허망하고 황당한 괴설"로 평가되면서 그 기록의 신빙성이 부정되어 왔다. 숭유억불정책의 이념을 가진 조선 왕조에서 승려가 편찬한 사서 『삼국유사』를 주목하였다 해도 거론하기는 어려웠을 것이다. 그러나 20세기 초에 들어와 『삼국유사』는 이능화에 의해 불교 사료로 적극 활용되었으며, 최남선에 의해 그 사료적 가치가 높이 평가되었다. 최남선이 『삼국유사』의 해제를 통하여 『삼국유사』의 사료적 가치에 대해 논하고, 활자본을 출판하여 널리 알려지게 되었다. 광복 이후 손진태가 「삼국유사에 대한 사회사적 고찰」 논고를 발표하고 나서 『삼국사기』와 함께 한국 고대사를 연구하는 사서로서 활용되고 있으며, 지금은 『삼국유사』에 대한 영인본과 역주본 등이 다양하게 간행되어 있다. 종래에는 임신본이 가장 오래된 판본이었으나, 최근에 조선 초(1374)에 간행된 고판본이 몇 편이 발견되어 이들을 비교하여 교감하고 주석을 첨가한 점교본이나 교감본들도 하나둘 출판이 되고 있다.

3장
『삼국유사』의 구성과 내용

위에서 살펴보았듯이 『삼국유사』는 일연(1206-1289)이 그의 말년(1284-1289)에 찬술하였고, 그가 입적한 후 그의 문도들에 의해 간행되었다고 본다. 모두 다섯 권으로 편성되어 있는데 권1은 「왕력王曆」편, 「기이紀異」편 제1, 권2는 「기이」편 제2, 권3은 「흥법興法」편, 「탑상塔像」편, 권4는 「의해義解」편, 권5는 「신주神呪」편, 「감통感通」편, 「피은避隱」편, 「효선孝善」편 등으로 구성되어 있다. 『삼국유사』는 어떤 특정한 형식에 구애되지 않고 5권 9편으로 이루어져 있다. 각 권의 내용과 그 내용의 전거를 원래 모습 그대로 남기고 있어서 『삼국사기』보다 늦게 편찬되었지만 사료적 가치는 오히려 크다고 하겠다.

1. 권1 「왕력」편, 「기이」편 제1

권1에는 「왕력」편과 「기이」편 제1이 수록되어 있는데 논자에 따라서는 「왕력」편이 나중에 「기이」편 앞에 삽입되었다고 주장하는 경우도 있으나 일연이 찬술한 당시에 함께 이루어졌다고 보는 견해들이 통설이다.

1) 「왕력」편

「왕력」편은 연표에 해당하는데 여기의 왕명은 고대어를 연구하는 데 중요한 자료이다. 체제를 살펴보면 먼저 맨 위쪽에 중국(전한, 후한, 남북조, 수, 당) 황제명과 그들의 연호와 간지를 기록하고 그 밑에 신라, 고구려, 백제, 가락 등의 순서로 기록하고 있다. 그리고 나라별로 역대 왕들의 왕명과 즉위년 및 즉위 사항, 왕들의 친족 관계에 대해 기록하고 있다. 그런데 왕의 즉위년이 「기이」편과 다른 부분이 있어서 논자에 따라서는 「왕력」편과 「기이」편의 찬자가 다른 것으로 보기도 한다. 그러나 기본적으로 「왕력」편을 바탕으로 「기이」편을 서술하였기 때문에 사서로서의 체제와 가치를 지니게 되었다고 할 수 있다.

맨 앞에서는 고조선이나 북부여 및 동부여 등의 왕대력에 대해서는 언급을 안 하고 신라의 박혁거세 탄생신화로부터 시작하여 그의 성씨와 즉위년, 왕비와 국호에 대해 언급하고 있다. 그다음에 금성을 수축하였다는 기록 밑에 고구려 동명왕 신화를 남기고 있는데 단군의 아들이라는 기록이 눈길을 끌며 고조선의 단군과 연결을 시키고 있는 것이 특기할 만하다. 고구려 유리왕 관련 사료 밑에는 백제 온조왕 관련 사실이 기록되어 있는데 동명왕의 세 번째 아들이라고 기록되어 있다. 이어서 신라의 왕들과 고구려의 왕들, 그리고 백제의 왕들에 대해 기록하고 있는데 가락국의 수로왕을 비롯한 가야의 왕들에 대해서도 기록을 남기고 있는 것이 특징이다. 그래서 어떤 학자들은 삼국시대가 아니라 사국四國시대로 하여야 한다고 주장을 하기도 하는데 그러려면 아예 부여까지 포함하여 손진태가 주장하듯이 오국五國시대라고 하는 것이 더 합당하다고 생각한다. 그렇지 않으면 부여가 우리 역사에 편성되지 않는 것처럼 보일 수 있기 때문이다. 아닐 바에는 그대로 삼국시대라고 하고 그 시대에 부여도 존재하고 가야도 존재하였다고 파악할 수밖에 없는 것이다. 어떤 학자는 열국列國시대라고 부르자고 하는데 중국의 역사를 그대로 따르는 것 같고, 차별성이 없어서 별로 호응이 많지 않다.

신라의 경우 혁거세 이후 남해차차웅, 노례니질금, 탈해니질금, 파사니질금, 지마니질금, 일성니질금, 아달라니질금, 벌휴니질금, 나해니질금, 조분니질금, 이해니질금, 미추니질금, 유례니질금, 기림니질금, 걸해니질금 등 '니질금'으로 표기하여 「기이」편에서 '왕'으로 표기한 것과 다르다. 또한 나물마립간, 실성마립간, 눌지마립간, 자비마립간, 비처마립간, 지정마립간 등 '마립간'으로 표기하여 「기이」편에서 '왕'호를 사용한 것과 다르다. 그리고 지정마립간까지를 상고上古기, 법흥왕 이하를 중고中古기라고 하여 시대 구분을 하고 있어 신라사에 대한 역사인식을 엿볼 수 있다. 진흥왕 기록에서는 개국開國, 대창大昌, 홍제鴻濟라는 독자적인 연호를 사용하였다는 것을 기록으로 남기고 있는 것이 주목할 만하다. 진덕여왕 이전은 중고中古기로서 성골聖骨이고, 태종 무열왕부터는 하고下古기로 진골眞骨이라고 기록하여 시대 구분을 하고, 중고기의 왕통은 성골, 하고기의 왕통은 진골이라는 것이 그 기준이라는 것을 밝히고 있다. 그리고 백제의 멸망과 고구려의 멸망을 나라가 없어졌다는 의미의 '국제國除'라고 기록하고 있다.

신문왕 대부터는 신라의 왕들만이 기록되어 있으며, 발해의 왕명은 보이지 않고, 진성여왕 대에 궁예가 건국한 후고려, 견훤이 건국한 후백제에 대해 기록하고 있다. 후고려는 나라가 멸망한 것이 아니라 태조가 계승한 것으로 기록되어 있으며, 후백제는 나라가 멸망하였다는 뜻으로 '국제'라고 표기하고 있다. 이 「왕력」편은 최치원의 『제왕연대력』을 참고하였다고 하는 견해가 있으나 왕호를 신라의 토속어 그대로 표기한 것으로 보아 반드시 그렇지는 않은 것 같다. 여러 가지의 왕대력 자료를 참고하여 작성한 것으로 보인다.

일연은 『삼국유사』의 「왕력」편에서 왕건의 후삼국 통일에 초점을 맞추어 고려의 역사 계승과 후삼국 통합의 체계를 제시하고자 하였다는 것을 알 수 있다. 한편 「기이」편은 '태종 춘추 공' 조와 '문호왕 법민' 조를 통해 신라의 삼국 통합 과정에 초점을 맞추고 있다.

2) 「기이」편 제1

「왕력」편 바로 다음에 「기이」편 제1이 편성되어 있는데 서문이 맨 앞에 서술되어 있다. "옛날 성인들은 예악禮樂으로 나라를 일으키고 인의仁義로서 가르침을 베푸는 데 괴력난신怪力亂神을 말하지 않았다. 그러나 제왕이 장차 일어나려 할 때는 부명符命에 응하고, 도록圖籙을 받았으니 반드시 남과는 달라 그런 후에야 능히 큰 변화를 타고서 제왕의 지위를 차지하여 큰일을 이룰 수가 있었다. 따라서 삼국의 시조가 모두 신이한 데서 나왔다고 해서 무엇이 괴이하겠느냐"라고 하였다. 그러면서 「기이」편을 이 책의 처음에 실은 뜻이 여기에 있다고 하였다. 제왕들의 출생과 행적에는 일반인들이 상상할 수 없는 신이한 사건들이 있으므로 이것을 기록으로 남겨 놓고자 하는 의지를 엿볼 수가 있는 것이다. 이는 이규보가 김부식이 편찬한 『삼국사기』에 불만을 갖고, 『구삼국사』를 얻어서 보고 「동명왕편」을 지으면서 "처음에는 믿지 못하고 귀鬼나 환幻으로만 생각하였는데 그 근원에 들어가니 환이 아니고 성聖이며, 귀가 아니고 신神이었다"라고 한 입장과 같다고 할 수 있다. 다만 이규보는 「동명왕편」을 통해 고구려의 역사에 주목한 데 비하여 일연은 『삼국유사』에서 고조선의 역사에 주목을 하였던 것이다.

「기이」편 제1은 서문과 함께 '고조선 왕검조선' 조부터 '장춘랑 파랑' 조까지 37개의 편목이 설정되어 있다. 각 조목별로 본문을 간략하게 살펴보면 다음과 같다. 이 중에서 가장 중요한 것은 '고조선(왕검조선)' 조로서, 이른바 환웅 신화와 단군 신화가 실려 있는 부분이다. 환인의 아들 환웅이 풍백과 우사 및 운사와 함께 무리 3천을 데리고 하늘에서 태백산 신단수로 내려와 동굴에 살고 있는 곰과 호랑이에게 마늘과 쑥을 주며 금기하라고 하였다. 호랑이는 이를 지키지 못하고 곰은 이를 지켜 인간이 되고 환웅과 결혼을 하여 단군을 낳았는데 단군이 개국을 하여 '조선'이 건국되었다는 이야기이다. 여기서 사실 이 신화의 주인공은 환웅으로 그는 곡식과 생명, 질병과 형벌 및 선악 등 인간세계의 360여 가지의 일을 맡아서 다스리고 교화하였다고 하였으므로, 농경 생활을 시작하였다는 것을 알 수 있어 농경신화라 할 수 있다. 그러나 그의 아들 단군이 건국을 하고 1,500년 동안 나라를 다스렸으므로 건국신화의 성격도 갖고 있는 것이다. 그런데 우리는 환웅의 농경신화에 대해서는 주목을 하지 않고 단군이 나라를 건국하였다는 건국신화를 더욱 주목하고 있다. 조선시대 유교를 숭상하던 시대에는 환인이나 환웅과 같은 신적인 존재보다는 단군과 같은 인간적인 존재에 더 관심을 가졌다고 할 수 있다. 더구나 조선 왕조의 국호인 '조선'의 원조인 '고조선'을 건국한 단군에 더 주목을 하게 된 것이다. 그러다가 일제강점기 일본의 건국신화인 '아마데라스오미카미[天造御大神]' 신화에 대응하여 건국신화를 강조하다 보니 농경신화인 환웅 신화보다 건국신화인 단군 신화를 더욱 주목하게 된 것이다. 그러한 전통은 지금까지도 이어지고 있다고 할 수 있다. 하여튼 우리는 이 '고조선' 조를 통해서 우리의 역사가 삼국시대부터가 아니라 고조선시대부터라고 인식할 수 있고, 반만년의 유구한 역사를 운위할 수 있는 것이다. '고조선' 조 마지막에 기자조선에 대한 내용이 부기되어 있는 것을 볼 때 고조선은 단군조선과 기자조선을 모두 포함하고 있는 것으로 인식하고 '위만조선' 조는 따로 설정하였으므로 달리 인식하고 있다는 것을 알 수 있다.

'위만조선' 조는 『한서』 「조선」전을 인용하여 위만이 조선의 유민과 연나라와 제나라의 망명인들을 복속시켜 왕이 되어 왕검성에 도읍하였다는 것과 한나라가 진국과 통교를 하고자 하였으나 이를 막아서 조선을 평정하고 진번, 임둔, 낙랑, 현도의 4군을 설치하였다는 기사이다. '마한' 조는 『삼국지』 「위지」를 인용하여 위만이 조선을 공격하자 조선 왕 준準이 궁인들과 측근 신하들을 데리고 바다를 건너 남쪽의 한韓의 땅에 이르러 나라를 세우고 마한이라고 했다는 기사이다. '2부' 조는 『전한서』를 인용하여 조선의 옛 땅인 평나平那와 현도군 등이 평주도독부가 되고, 임둔과 낙랑 등 두 군의 땅에 동부도위를 두었다는 기사이다. '72국' 조는 『통전』과 『후한서』를 인용하여 조선의 유민이 나뉘어 78국이 되었으니 각각 1만 호씩이라고 하였다. 제목은 72국이라고 표기하였으나 내용은 78국으로 기록되어 있는데, 「위지」 동이전을 보면 78국으로 되어 있으므로 제목을 78국으로 해야 할 것이다. '낙랑국' 조는 전한 때 처음으로 낙랑군이 설치되었으니, 옛 조선국이라 하였으며 평양성이 옛날 한나라의 낙랑군이라고 하였다. '북대방' 조는 북대방이 본시 죽담성으로 신라 노례왕 4년(27)에 대방인들이 낙랑인과 함께 신라에 투항하였다고 하였다. '남대방' 조는 조위曹魏 때에 처음으로 남대방군을 두었는데 대방의 남쪽 바다 천 리는 한해瀚海라고 하였다. '말갈 발해' 조는 대조영이 나라를 세워 진단震旦으로 불렀으며, 선천 연간(712-713)에 발해라고 하였고, 마침내 해동성국海東盛國이 되었는데 전성기에 5경 15부 62주로 편성되었으나, 거란에게 멸망을 당하였다고 기술하고 있다. 이 '말갈 발해' 조가 『삼국유사』에 편성되어 있기에 우리가 발해사를 한국사의 체계 안에서 인식할 수 있는 귀중한 자료이다. 2002년 중국이 '동북공정'을 통하여 고구려사를 비롯한 고조선사와 발해사를 왜곡하여 중국사라는 억지 주장을 하였는데 『삼국유사』에 '고조선' 조와 '고구려' 조 및 '말갈 발해' 조가 기록되어 있어서 이에 대한 대응을 확실하게 할 수 있었다. '이서국' 조는 노례왕 14년(37)에 이서국 사람들이 와서 금성을 공격하였다고 하며, 지금의 청도군 지역이라고 하였다. '5가야' 조는 아라가야, 고령가야, 대가야, 성산가야, 소가야 등에 대한 이야기이며, 태조 천복 5년(940)에 5가야의 이름을 고쳤다고 하였다. 이를 통해 가야 지역에 금관가야 이외에 5가야가 있었다는 것을 알 수 있다.

'북부여' 조는 신작 3년(기원전 58)에 천제가 흘승골성에 내려와 도읍을 정하고 국호를 북부여라고 하였으며, 스스로를 해모수라 하고, 아들을 부루라고 하였다는 이야기이다. 왕은 후에 상제의 명령으로 도읍을 동쪽으로 옮기고, 동명왕이 북부여를 계승하여 졸본주에 도읍을 정하고 졸본부여라고 하였는데 이것이 고구려의 시작이라고 하였다. 북부여와 동부여 및 졸본부여(고구려)가 한 뿌리에서 나왔다는 것을 알 수 있다. '동부여' 조는 북부여 왕 해부루의 재상 아란불의 꿈에 천제가 내려와 동쪽으로 도읍을 옮기라고 하여 가섭원으로 옮겨서 국호를 동부여라 하였다는 것이다. 부루가 자식이 없어서 산천에 제사를 지내어 후사를 구하였는데 이름을 금와라고 하였다. 금와는 다음 왕위를 태자 대소에게 전하였으나 지황 3년(기원후 22)에 고구려 왕 무휼에게 멸망을 당하였다. '고구려' 조는 고구려가 곧 졸본부여라고 하고, 시조 동명성제는 고주몽으로, 천제의 아들 해모수와 하백의 딸 유화 사이에 태어난 천손이라는 건국신화를 싣고 있다. 햇빛이 비추어 잉태하여 알을 낳았는데 개와 돼지에게 주었으나 먹지 않았으며, 길에 버렸으나 소와 말이 피해 다녀서 어미에게 주었더니 한 아이가 껍질을 깨뜨리고 나왔다고 한다. 활과 화살을 만들어 쏘면 백발백중 맞추니, 왕의 아들들과 신하들이 해치려고 하자, 오이 등 세 사람과 도망하였다. 주몽이 엄수淹水에 다다르자 "나는 천제의 아들이고 하백의 손자이니 도와달라"라고 하자 물고기와 자라가 다리를 만들어 주어 건넜다고 한다. 졸본주에 이르러 도읍하고 고구려를 건국하며(기원전 37) 왕위에 올랐는데 고구려 전성기에 21만 508호였다고 전한다. 이와 같이 고구려의 건국자 주몽에 대한 신화는 하늘에서 빛이 내려왔다는 천강신화와 알에서 태어났다는 난생신화가 모두 나타나고 있다. 고구려의 신화는 414년에 세워진 「광개토왕릉비문」에도 잘 나타나 있다. 시조 추모왕이 북부여로부터 나왔는데 천제의 아들이며, 어머니는 하백여랑으로, 알을 깨고 세상에 나왔는데 어려서부터 성스러웠다고 하여 주몽의 신화가 고구려 당시에도 있었다는 것을 알 수 있다. 그리고 그 내용은 고려 명종 23년(1193)에 이규보가 지은 「동명왕편」에 더 상세히 전하고 있다.

'변한 백제' 조는 『후한서』를 인용하여 변한이 남쪽에 있고, 마한은 서쪽, 진한은 동쪽에 있다고 하면서, 최치원이 변한을 백제라고 하였다는 것을 인용하여 변한과 백제를 연결시켰다. 그러나 이는 백제는 마한 지역, 신라는 진한 지역, 가야는 변한 지역에 건국하였다는 학계의 통설과는 차이가 있다. '진한' 조는 진나라의 망명인들이 한국에 와서 진한이라 하였고, 12개의 소국이 있었으며, 각각 1만 호씩으로 '국國'이라 칭하였다고 하였다. 신라 전성기 서라벌에는 178,936호, 1,360방, 55리, 35개의 금입택이 있었다고 기록되어 있으나 『삼국유사』「피은」편의

'염불사念佛師' 조에는 360방, 17만 호로 기록되어 있다. 학계에서는 360방으로 보고 있었는데 최근 경주 외곽에서도 도시 유적이 발굴되어 1,360방으로 보는 견해도 있다. '금입택金入宅' 조는 별도의 조목으로 편성한 것인데 편집이 잘못되어서 이입된 것으로 보는 견해도 있으며, 한편 '우사절유택又四節遊宅' 조는 '금입택' 조에 들어가야 할 것이 별도로 조목이 편성된 것으로 보기도 한다.

'신라 시조 혁거세왕' 조는 먼저 진한 6촌장들의 탄생설화를 언급하고 나서 신라의 시조 박혁거세왕의 탄생신화를 기술하고, 6촌장의 추대에 의한 신라의 건국 과정을 이야기한 뒤, 혁거세왕이 죽고 나서 오릉에 장사 지냈다는 것을 기술하고 있다. 6촌장들의 탄생설화도 모두 하늘에서 산으로 하강하는 천강신화로 되어 있으며, 박혁거세도 하늘에서 알이 내려왔다고 한다. 천강신화와 난생신화가 결합되어 있는 것을 볼 수 있다. 국호는 처음에 서라벌이나 서벌, 혹은 사라 또는 사로라고 하였다가 계림국이라고 하기도 하고 나중에 신라로 바뀌었다. 신라의 건국신화도 고구려와 마찬가지로 천강신화와 난생신화가 결합되어 있으며, 가야 김수로왕의 탄생신화도 천강신화와 난생신화가 결합되어 있어 한국 고대 건국신화의 공통점이라고 할 수 있다. '제2 남해왕' 조는 남해왕은 차차웅이라고 하였는데, 존장자에 대한 칭호로서 오직 이 왕만을 그렇게 칭하였다고 하였다. 각주에서 김대문의 견해를 인용하여 차차웅은 무당을 뜻하는데 무당으로서 귀신을 섬기고 제사를 받들므로 그들을 경외하여서 존장자를 자충 또는 차차웅이라고 하였다는 것이다. 그러면서 신라의 왕호에 대해서 이사금은 잇금을 말하는데 이빨의 수와 관련된 것이며, 마립간은 말뚝의 의미로 지위에 따라 설치하는데 왕의 말뚝이 중심이 되고 신하의 말뚝이 그 아래에 늘어서기 때문에 이로써 이름을 삼은 것이라고 하였다. 그리고 김부식이 『삼국사기』 사론에서 "최치원이 『제왕연대력』을 지을 때 그 말이 야비해서 모두 왕으로 칭하였으나 그 방언을 그대로 두는 것이 마땅하다"라고 한 것을 인용하면서 「왕력」편에서는 신라식으로 표기하였으나, 「기이」편의 각 조목에서는 모두 왕으로 칭하였다. '제3 노례왕' 조는 박노례잇금이 자신의 매부 탈해에게 왕위를 양보하려 하였더니 탈해가 무릇 "덕이 있는 사람이 이가 많다" 하고 이가 많은 사람이 먼저 왕위에 올라야 한다고 하여 왕위에 올라 이 때부터 왕호를 니질금으로 하였다고 한다. 니질금과 이사금은 모두 '잇금'으로 임금을 뜻한다. 경시 원년(기원후 23)에 즉위하여 6부의 이름을 고치고 여섯 성씨를 내렸으며, 「도솔가」를 지었고 보습과 얼음 창고와 수레를 만들었다고 한다.

'제4 탈해왕' 조는 석탈해가 가락국에서 수로왕과 겨루고 나서 신라의 아진포에 이르러 해척海尺인 노구老嫗 의선에게 의탁한 과정과 토함산에 올라 호공의 집을 빼앗은 사실, 그리고 남해왕의 맏공주를 아내로 삼은 것과 왕위에 오른 과정을 기술하고 있다. 남의 집을 자기의 옛집이라고 하여 빼앗았으므로 성姓을 석씨로 하였다는 것, 또는 까치로 인해 궤를 열었으므로 '작鵲'자에서 '조鳥'자를 떼고 성을 석昔씨라고 하였으며, 궤를 열고 알에서 나왔으므로 이름을 탈해라고 하였다고 한다.

'김알지 탈해왕 대' 조에는 탈해왕 대에 호공이 시림始林숲에서 금궤를 발견하여 열자, 사내아이가 있어서 알지閼智라 하고 왕이 태자로 삼았는데 파사婆娑에게 양보하여 왕위에 오르지 않았다고 한다. 성을 김金으로 하였는데 알지는 열한熱漢을 낳았고, 열한은 아도阿都를 낳았고, 아도는 수류首留를 낳았고, 수류는 욱부郁部를 낳았고, 욱부는 구도仇道를 낳았고, 구도는 미추味

鄒를 낳았는데, 미추가 왕위에 올랐다고 하였다. 김알지의 탄생 신화는 하늘에서 빛이 내려왔으므로 천강신화라고 할 수 있다. 알지가 알에서 나왔다고 한다면 난생신화와 결합되어 있다고 볼 수 있으나 처음에 발견되었을 때 알이 아니라 어린아이의 모습이었으므로 태생인이라 하겠다. 일본학자들이 난생신화를 남방신화라고 하면서 억지로 알에서 나왔다고 주장한 것인데 아직도 많은 학자들이 그대로 따르고 있다. 하여튼 김알지의 신화는 김씨 성 시조의 탄생신화이며, 김씨로서 처음에 왕위에 오른 것은 미추왕이다.

'연오랑 세오녀' 조는 제8대 아달라왕 4년(기원후 157) 동해 바닷가에 연오랑과 세오녀 부부가 살다가 일본으로 건너가 왕과 왕비가 되었고 그때 신라에서는 해와 달의 광채를 잃게 되어 세오녀가 보낸 비단으로 제사를 지냈더니 해와 달이 이전과 같아졌다는 이야기이다. 「기이」편에서는 대개 왕이 주인공으로 나오는데, 여기서는 왕이 아닌 연오랑과 세오녀가 주인공으로 나온 것은 아마도 일본의 왕이 되어서 그런 것 같다. 그러나 일연은 일본의 본왕이 아니고 변두리의 소왕이 아닐까 짐작하였다.

'미추왕 죽엽군' 조에는 제14대 유리왕 대에 이서국 사람들이 금성을 공격해 오자 이상한 군사들이 나타나서 도와주어 물리칠 수 있었는데 미추왕릉 앞에 대나무잎이 쌓여 있어서 죽현릉이라고 불렀다는 이야기가 나온다. 제37대 혜공왕 14년(779)에 김유신의 무덤에서 회오리바람이 불어 죽현릉으로 들어가 미추왕에게 하소연을 한 뒤 회오리바람이 돌아갔다는 소식을 듣고 혜공왕이 김경신을 보내 유신 공의 무덤에 가서 사과하고 공을 위해 공덕보전 30결을 내렸다고 하는 이야기이다. 이것은 신라 하대下代에 혜공왕이 김유신의 후손들을 죽이고 홀대를 하자 김씨 성으로서 처음으로 왕위에 올랐던 미추왕의 무덤에 가서 하소연을 하여 혜공왕이 진정을 시켰다는 내용일 것이다.

'나물왕 김제상' 조는 눌지왕이 왜국에 있는 아우 미해와 고구려에 보낸 아우 보해를 귀국시키기 위해 김제상을 보냈는데, 김제상이 죽음을 무릅쓰고 그 일을 제대로 성사시켰다는 일화이다. 『삼국사기』「열전」에는 박제상으로 표기되어 있는데 여기서는 김제상으로 표기되어 있는 것이 다르나, 이야기의 기본적인 내용은 비슷하다. 제상의 아내를 국대부인으로 책봉하고, 그의 딸을 미해 공의 부인으로 삼았으며, 부인이 그 사모함을 이기지 못해 치술령에 올라 왜국을 바라보고 통곡하며 죽었다고 하는데 일연 생존 당시에도 사당이 남아 있었다고 한다. '제18 실성왕' 조는 실성왕이 전왕의 태자 눌지가 덕망이 있어서 그를 죽이고자 고구려의 군사를 청해 거짓으로 눌지를 맞이하였으나 고구려 사람들이 눌지가 어진 행실이 있는 것을 보고 창을 돌려 실성왕을 죽이고 눌지를 왕으로 세우고 돌아갔다는 이야기이다. 이 당시에 고구려가 신라의 왕위 계승에 깊숙이 관여하였다는 것을 알 수 있는 대목이다. 광복 직후 1946년 초에 한국인에 의해 최초로 발굴된 적석목곽분에서 호우壺杅가 발견이 되었다. 그 명문에 고구려의 광개토왕 대에 호우를 만들어 신라에 전한 것으로 새겨져 있어서 당시에 고구려의 신라에 대한 영향력을 입증해 주고 있다고 하겠다.

'사금갑' 조는 제21대 비처왕 10년(488), 천천정天泉亭에 행차하였을 때 노옹老翁이 '거문고 갑을 활로 쏘라'라는 글을 올려서 그렇게 하니 내전분수승內殿焚修僧과 궁주宮主가 간통하고 있어서 처형하였다는 이야기이다. 이것은 토착 신앙과 불교의 갈등과 관련된 이야기로서 이때부터 정월 16일에 찰밥을 지어 제사를 지냈다고 한다. '지철로왕' 조는 왕의 음경陰莖이 길어서 배필을 못 구하다가 키가 7척 5촌인 모량부 상공相公의 딸을 맞이하여 왕후로 봉하였다는 사실과 왕이 박이종朴伊宗을 시켜 울릉도를 토벌케 하였는데 박이종이 나무로 사자를 만들어서 섬사람들을 겁박하여 항복시켰다는 이야기이다. 마치 그리스가 트로이를 공격할 때 목마를 만들어 트로이를 멸망시킨 것과 흡사한 이야기이다. 그리고 『삼국사기』에는 지증왕의 체구가 홍대鴻大하고 담력이 크다고 점잖게 표현하고 있는 반면에 여기서는 당대 민속 생활 언어 그대로 묘사하고 있는 것이 그 특징이라고 하겠다.

'진흥왕' 조는 진흥왕이 15세에 즉위하여 태후가 섭정을 하였으며, 죽을 때 머리를 깎고 법의를 입고 세상을 떠났다고 기록되어 있다. 그러나 『삼국사기』에는 7살에 즉위한 것으로 기록되어 있으며, 왕이 승려가 되었다는 사실은 기록되어 있지 않다. 그리고 진흥왕의 정복 사업에 대한 자료는 기록되어 있지 않은데, 이는 일연의 관심이 왕의 정복 사업이 아니라 불교의 진흥에 있었다는 것을 알 수 있다. '도화녀 비형랑' 조는 제25대 진지왕이 왕위에 올랐으나 4년 만에 정사가 혼란해지고 주색에 빠져 국인이 그를 폐위시켰다는 내용과 혼魂이 되어 도화녀와 상관하여 비형랑을 낳았는데 그에 대한 일화이다. 진지왕이 유부녀인 도화녀를 궁중에 불러들여 상관하려 하였으나 도화녀가 이를 거부하자, 죽어서 혼이 되어 상관하여 비형랑을 낳았는데, 밤마다 귀신들과 어울려 놀았다는 것이다. 귀신 중에 길달이란 자를 추천하여 각간 임종 공林宗公의 아들로 삼아 길달문을 세우기도 하였으나 여우로 변하여 도망가므로 비형랑이 귀신을 잡아 죽이니 귀신들이 비형랑의 이름만 들어도 두려워하여 달아났다는 이야기이다.

'천사옥대天賜玉帶' 조는 진평왕 대에 하늘에서 옥대를 전해 주었는데 큰 제사 의례 때에는 모두 이 옥대를 착용하였으며, 이는 황룡사의 장6존상, 황룡사의 9층탑과 함께 신라의 '세가지 보배(三寶)'였다는 이야기이다. 고구려 왕이 장차 신라를 치려고 계획하다가 천사옥대를 비롯한 삼보가 있다고 듣고 그 계획을 중지하였다고 한다.

'선덕왕 지기삼사' 조는 제27대 선덕여왕이 정관 6년(632)에 즉위하여 나라를 다스린 16년 동안에 미리 예측한 일이 세 가지가 있었다는 이야기이다. 첫째는 당 태종이 모란을 그린 그림과 꽃씨를 보내오자 이를 보고 향기가 없을 것이라 하였는데 과연 그 말과 같았다는 것이다. 둘째는 영묘사 옥문지에 겨울인데도 개구리가 모여 울기에 왕에게 물으니, 적병이 있을 것이니 군사를 보내라고 하여 한 명도 남기지 않고 죽였다는 이야기이다. 셋째는 왕이 죽기 전 유훈을 남기기를 도리천忉利天 가운데에 장사를 지내라고 하였는데, 10여 년 후에 문무대왕이 왕의 무덤 아래에 사천왕사를 세워서 결과적으로 도리천에 안장하게 되었다는 것이다. '진덕왕' 조는 제28대 진덕여왕이 즉위하여 스스로 「태평가」를 짓고, 비단을 짜서 당나라에 바치자 당나라 황제가 이를 아름답게 여겨 칭찬하고 왕으로 봉하였다는 이야기이다. 진덕왕의 시대에 임종 공, 술종 공, 무림 공, 염장 공, 유신 공이 있었는데 알천 공이 가장 완력이 강하였으나 여러 공들은 유신 공의 위엄에 복종하였다고 한다. 이 이야기는 화백회의의 의장은 알천 공이었으나 실제적인 권력은 김유신이 더 강하였다는 것을 의미한다고 할 수 있다.

'김유신' 조는 김유신의 가계와 그가 국선이 되었을 때 호국여삼신과 관련된 일화, 그리고 흥무대왕으로 추봉되었다는 내용이다. 김유신은 김무력의 아들인 김서현의 장자이며, 동생은 김흠순이고, 누이동생은 보희와 문희이며, 나이 18살이 되던 해(612)에 검술을 익혀 국선이 되었다. 이 때에 백석白石이란 고구려의 첩자가 유신 공을 유인하여 고구려로 데려가려는 것을 나림奈林과 혈례穴禮 및 골화骨火의 호국 여삼신이 나타나 그를 구하여 주어서 온갖 음식을 갖추어 삼신에게 제사를 지냈다는 이야기이다. 제54대 경명왕 대에 삼한일통의 공이 있으므로 유신 공을 추봉하여 흥무대왕이라 하였다고 한다. 그래서 김유신은 왕이 아닌데도 불구하고 「기이」편에 수록되었다고 할 수 있는데, 자세한 내용은 『삼국사기』「열전」에 3권이나 수록되어 있다. 『삼국유사』에서는 김유신에 대하여 『삼국사기』보다 간략하게 서술되어 있다. 김유신의 업적은 오히려 '태종 춘추 공' 조와 '문호왕 법민' 조에 상세하게 기록되어 있다.

'태종 춘추 공' 조는 29대 태종대왕의 가계와 김춘추가 김유신의 누이동생 문희를 만나게 된 경위와 결혼에 이르는 과정, 왕위에 올라 삼한을 통일하고 큰 공을 세워 태종이라고 묘호를 하게 된 상황을 자세하게 기술하고 있다. 그리고 당나라와의 외교 과정 그리고 백제와의 전쟁 수행 과정과 삽혈회맹歃血會盟 등을 기록하고 있는데 백제의 당시 상황을 매우 상세히 전하고 있다. 나아가 당나라와 연합하여 고구려를 멸망시키고자 하는 노력을 하였으나 고구려를 멸망시키지는 못하고, 그의 아들인 문무왕에 이르러서야 이룰 수 있었다는 이야기이다.

'장춘랑 파랑' 조는 백제 군사와 황산에서 싸웠던 전투에서 전사한 장춘랑과 파랑이 태종의 꿈에 나타나 자기들이 나라를 위하여 싸웠으나, 당나라 장수 소정방의 위엄에 눌려 남의 뒤만 따라다니다 죽게 되었다고 말하니 왕이 두 혼령을 위하여 불경을 강설하게 하고 한산주에 장의사壯義寺라는 절을 세워 그들의 명복을 빌었다는 이야기이다. 왕이 백제와의 전투에서 전사한 초급 장교가 당나라 장수의 위엄에 눌려 제대로 싸우지도 못하고 전사하였다는 충격적인 이야기를 듣고 이들을 위하여 절을 세워 그들의 명복을 빌었다는 이야기는 신라의 자주성과 독자성을 내세울 수 있는 기회가 되었으리라 생각한다. 일연이 왕이 아닌 장춘랑과 파랑을 주인공으로 하여 이 사실을 수록한 것은 몽골의 침입에 맞서서 지배층뿐만 아니라 하급 군인들과 피지배층도 모두 힘을 합쳐야 한다는 메시지를 전하려는 의도가 있으리라 생각한다.

이와 같이 『삼국유사』는 『삼국사기』와 달리 고구려와 백제 및 신라의 삼국뿐만 아니라 그 이전의 고조선, 위만조선, 마한, 72국, 낙랑국, 남대방, 북대방, 5가야, 북부여, 동부여, 말갈 발해 등 고대의 여러 국가에 대한 자료를 남기고 있다. 따라서 멸실되어 가는 삼국시대 이전 우리나라 역사의 기록을 문헌 자료를 섭렵하여 분명히 말해 주고 있는 것이다. 특히 북부여와 동부여 및 발해 등 북방 지역의 국가들에 대해 서술함으로써 광범위하게 펼쳐져 있었던 한국 고대 국가의 영역을 보여 준 것이다. 또한 『삼국사기』에는 소략하게 기록되어 있는 가야에 대하여 「기이」편 제2에 '가락국기' 조를 남김으로써 가야의 역사를 복원할 수 있게 하였다는 데 큰 의미가 있다. 『삼국사기』와 『삼국유사』 모두 신라사 중심으로 되어 있으나 『삼국유사』는 『삼국사기』에 비해 고구려와 백제 이외의 고대 여러 국가의 역사를 망라하고 있는 것이 특징이다. 한국 역사 시간의 유구함과 영역의 광범위함을 축소하지 않고 그대로 보여 주고 있다고 할 수 있다. 신라사 중심으로 될 수밖에 없었던 것은 역사인식의 문제가 없지는 않겠으나 당대 잔존한 자료에도 기인한 것이다. 즉 고려 후기 찬술 당시 고구려와 백제를 비롯하여 그밖의 나라에 대한 자료는 소략하게 남아 있었기 때문이라 생각한다.

특히 「기이」편의 역사적 가치는 고조선뿐만 아니라 부여, 고구려, 백제, 가야 등의 건국 시조에 대한 기록을 비교적 상세하게 남기고 있다는 데에 있다. 신라의 신화는 박혁거세 신화, 석탈해 신화, 김알지 신화 등이 『삼국유사』에 실려 있다. 박혁거세 신화는 시조신화이면서 건국신화이기도 하며, 석탈해 신화와 김알지 신화는 시조신화의 의미만 갖고 있다. 한편 「기이」편 제2의 만파식적 설화는 신라가 삼국을 통일한 '통일신라'의 통일 건국신화와 같은 의미를 보여 주고 있다.

'신라 시조 혁거세왕' 조에는 6촌장의 탄생신화가 기록되어 있어 신라 이전 진한의 상황을 보여 주고 있는데 이 6촌장들 모두 하늘에서 산으로 내려오는 천강신화를 보여 고조선의 천강신화를 이어받고 있는 것을 알 수 있다. '남해왕' 조에서는 차차웅이 방언으로 무당을 이른다고 기록하여 신라가 초기에 고조선과 마찬가지로 제정일치 사회였다는 것을 유추할 수 있다. 그리고 노례왕(유리왕)과 탈해왕이 떡을 물어 보고 그 이빨의 숫자를 기준으로 왕위를 계승하였다는 고대적 관념을 남기고 있다. 김알지는 김씨 시조로서 왕이 아니지만 입전되어 있으며, 연오랑과 세오녀는 일본에서 왕과 왕비가 되었으므로 기록되어 있다. '나물왕 김제상' 조는 『삼국사기』에도 기록되어 있는데 이름이 박제상으로 기록되어 있다. '사금갑' 설화는 비처왕(소지왕) 대의 설화를 바탕으로 기록되어 있는데 정월 대보름에 찰밥을 먹는 민속을 전하고 있다. '지철로왕' 조는 왕의 체구에 대해 언급하고 있는데 『삼국사기』에서 그저 홍대하였다고 기록한 것과는 차이를 보이고 있다. '진흥왕' 조에서는 왕이 15세에 즉위하였다고 기록되어 있으나 『삼국사기』에서는 7세에 즉위하였다고 하여 상이하게 기술되어 있다. '도화녀 비형랑' 조는 주인공이 왕이 아니지만, 사실 진지대왕에 대한 이야기로서 왕이 폐위된 사정을 보여 준다고 할 수 있다. '천사옥대' 조는 진평대왕의 비범함을 알리고 교묘郊廟와 대사大祀를 지낼 때에만 천사옥대를 패용하였다는 소중한 자료를 남기고 있다. 따라서 금관이나 과대는 평상시에 착용하는 것이 아니라 신궁이나 시조묘에서 제사 의례를 지낼 때 착용하였다는 것을 유추할 수 있게 해 준다. '선덕왕 지기삼사' 조와 '진덕왕' 조는 이들이 남자가 아니지만, 남자들 못지않은 신이한 능력을 가졌다는 것을 강조하고 있다. 이는 『삼국사기』 사론에서 여왕이어서 나라가 어지러웠으나 망하지 않은 것이 다행이라고 논한 김부식의 인식과는 많은 차이를 보이고 있다. 일연은 남녀평등의 사례로서 특히 일반 백성이나 노비 중에서 여성이 성불成佛하는 자료들을 남기고 있어 성불하는 데 남녀의 차이가 없다는 것을 보이고 있다. 김유신은 『삼국사기』 「열전」에서 3권을 차지한 것과 비교하면 내용들이 소략하게 다루어졌다고 할 수 있다. 그러나 '태종 춘추 공' 조에서는 춘추 공의 김유신과 관련된 사항을 전하고 있으며, 그의 동생 거득 공이 지방 사회 백성들의 생활을 경험하는 사항과 백제를 멸망시키는 과정 등을 상세하게 기록하고 있다. 그리고 여기서 고구려를 멸망시키는 과정까지 수록하고 있다. 그리고 그다음 조에 장춘랑과 파랑에 대한 기록이 되어 있는데 이들이 통일 전쟁에서 혁혁한 공을 세웠으나 이들에 대한 예우가 이루어지지 않아 이들이 꿈에 나타나 하소연을 하자 태종이 그들의 의로움을 위하여 장의사라는 절을 지어 주었다는 기록이다. 이는 삼국 통일에 참여하고 장렬하게 전사한 하급 장교에게도 명복을 빌어 주고 전쟁 승리의 기쁨을 같이한다는 메시지를 전하고 있다. 「왕력」편에서는 태종 무열왕부터는 진골 왕통으로 하고기下古期라고 기록하였으나, '태종 춘추 공' 조가 「기이」편 제1에 수록되어 있어서 「왕력」편과 「기이」편의 시기 구분이 다르게 되어 있는 것을 볼 수 있다.

2. 권2 「기이」편 제2

권2는 「기이」편 제2로 구성되었는데 삼국 통일 이후 왕들을 중심으로 기이한 이야기를 기록하고 있다. '문호왕 법민文虎王 法敏', '만파식적萬波息笛', '효소왕 대 죽지랑孝昭王代 竹旨郎', '성덕왕聖德王', '수로부인水路夫人', '효성왕孝成王', '경덕왕 충담사 표훈대덕景德王 忠談師 表訓大德', '혜공왕惠恭王', '원성대왕元聖大王', '조설早雪', '흥덕왕 앵무興德王 鸚鵡', '신무대왕 염장 궁파神武大王 閻長 弓巴', '48 경문대왕四十八 景文大王', '처용랑 망해사處容郎 望海寺', '진성여대왕 거타지眞誠女大王 居陀知', '효공왕孝恭王', '경명왕景明王', '경애왕景哀王', '김부대왕金傅大王', '남부여 전백제南扶餘 前百濟', '북부여北扶餘', '무왕武王', '후백제 견훤後百濟 甄萱', '가락국기駕洛國記' 등 23개의 조목으로 구성되어 있다.

권2는 「기이」편 제2로 편성되어 있는데 '문호왕 법민' 조로부터 시작되고 있다. 문호왕은 곧 문무왕으로, 문무왕이 당나라 군대와 함께 고구려를 멸망시킨 이야기와 당나라 군대를 명랑

법사의 문두루비법으로 물리친 이야기가 기록되어 있다. 한편 문무왕이 서거하자 왕의 유언으로 화장을 하여 동해 입구에 있는 큰 바위에 뿌려 동해의 호국룡이 되었다는 이야기가 실려 있다. 이는 문무왕이 삼국 통일을 이룬 후 기강이 해이해질 것을 우려하여 동남쪽에 있는 일본에 대한 침입에 대해 경각심을 갖게 하기 위한 조처였다고 할 수 있다. 마지막 부분에는 동생 거득 공을 재상으로 임명하려 하자 거득 공이 지방의 민정을 시찰하면서 백성들의 삶을 제대로 살피고 나서 하겠다고 하였다. 지방 시찰을 하던 중 광주 지역에서 안길이라는 향리의 집에서 머물며 있었던 에피소드와 상수리로 왕경에 왔을 때 후히 대접하고 토지를 하사하는 등 지방 세력과의 소통과 네트워크를 기록하고 있다.

'만파식적' 조는 신문왕이 즉위하고 나서 삼국 통일을 이룬 문무왕을 위하여 동해 입구에 감은사를 창건한 사실과 감은사에 행차했을 때 '만파식적'을 얻어 천존고天尊庫에 간직하였다는 이야기이다. 문무왕이 바닷속의 큰 용이 되었고, 김유신은 다시 천신이 되어 두 성인이 같은 마음으로 이처럼 값으로 따질 수 없는 보배를 얻었다고 하는 내용이다. 이 설화는 마치 새로운 나라를 건국하는 의미와 같아서 신라를 재조再造하는 건국신화 같은 성격을 보이고 있다. 이 피리를 불면 적병이 물러가고, 병이 나으며, 가뭄에는 비가 오고 장마가 그치며, 바람이 잦아지고 물결이 평온해졌다고 하여 '만파식적'이라 부르고 국보로 삼았다고 한다. '만파식적' 설화는, 곧 신라 중고기의 삼보를 대체할 만한 문무왕대에 새로운 보배의 기능을 하는 '만파식적'을 통해 무열왕권의 정당성과 신성성을 높이고 중대中代의 시작을 알리는 의미를 갖고 있다. '만파식적' 설화는 천신과 함께 용신이 등장하여 통일신라 건국의 의미를 갖고 있으며, 문무대왕의 신성성을 확인하는 신화이자 '만파식적'으로 상징되는 국가의 안녕과 새로운 통치 이념을 제시하고 있는 것이다. 고구려, 신라, 가야의 건국신화는 천강신화와 난생신화의 복합으로 기록되어 있었는데 여기서는 천강신화와 용신신화가 연결되어 있는 것이 특징이다. 용신龍神은 수신水神으로 바다와 연결되어 있는데 이는 중국이나 일본 등 해외 세력의 도전과 이에 대한 응전의 의미를 갖고 있다고 하겠다. 그리고 신라의 영역이 육지에 국한되는 것이 아니라 한반도 삼면의 바다를 포함한다는 메시지를 전하고 있는 것이다.

'효소왕 대 죽지랑' 조는 죽지랑이 자신의 낭도인 득오得烏를 위하여 갖은 노력을 다하여 어려운 처지에서 구해 냈다는 이야기이며, 효소왕이 이를 듣고 모량리 사람들을 관리에서 쫓아내고 승려가 되지 못하게 하였다는 이야기이다. 이 조목에 낭도인 득오가 자기를 구해 준 죽지랑을 위해 「모죽지랑가慕竹旨郎歌」를 지었는데, 이와 같이 향가鄕歌는 신라의 화랑이 직접 지었거나 화랑과 관련된 인사들이 화랑을 위하여 지었다. 『삼국유사』에는 향가가 14수 수록되어 있는데 우리나라 문학의 백미라고 할 수 있다. 신라시대 인물들의 인품과 운치를 느낄 수 있는 대목이라 하겠는데 이것이 바로 풍류風流라고 하는 것이다. 최치원은 「난랑비서鸞郎碑序」에서 풍류도를 유·불·선을 융화하는 신라 고유의 문화로 보았다. 죽지랑은 김유신과 함께 삼한을 통일하였으며, 4대에 걸쳐 재상이 되어 나라를 안정시킨 인물이다.

간 봄 그리워하매 못 살으사 울어 설워하더이다.
애달픔 나토시던 모습이 해 거듭하는 즈음에 가이더이다.
눈 돌이킬 새 만나 뵙기 어찌 지으오리까.

낭이여, 그리는 마음에 가올 길 쑥이 우거진 마을에 잘 밤 있아오
리까.

—「모죽지랑가」

낭도인 득오가 자기를 애지중지해 주었던 죽지랑이 죽자, 그를 그리워하며 읊은 노래이다.

'성덕왕' 조에는 흉년이 들어 기근이 들자 백성들에게 곡식을 나누어 주었다는 사실과 태종대왕을 위해 봉덕사를 창건하고 인왕도량을 열고 사면하였다는 내용을 싣고 있다. '수로부인' 조는 성덕왕 대 순정 공純貞公이 강릉태수로 부임하는 길에 공의 부인 수로부인이 철쭉꽃을 꺾어다 줄 것을 주문하자 한 노인이 꽃을 꺾어 오고 「헌화가」를 바쳤다는 이야기이다.

자주빛 바위가에
잡은 암소 놓게 하시고
나를 아니 부끄러워하시면
꽃을 꺾어 바치오리다.

—「헌화가」

또 길을 가다가 점심을 먹고 있었는데 바다의 용이 부인을 끌고 바다로 들어가, 많은 사람들을 모아 노래를 불러 구해 내었다는 「해가海歌」에 대한 이야기도 있다.

거북아, 거북아, 수로를 내놓아라.
남의 부녀를 빼앗아 간 죄가 얼마나 크냐.
네가 만약 거역하고 내놓지 않으면
그물로 잡아 구워 먹으리라.

—「해가」

'효성왕' 조는 일본을 방어하기 위해 관문성을 쌓았으며, 당나라 사람들이 발해를 치려고 신라에 청병하러 왔다가 간 사실을 기록하고 있다. '경덕왕 충담사 표훈대덕' 조는 경덕왕이 충담사忠談師를 만나서 그가 기파랑을 위해 지은 「찬기파랑가讚耆婆郎歌」에 대해 이야기를 하며, 자기를 위하여 향가를 지어 달라고 하자 「안민가安民歌」를 지었다는 이야기이다. 화랑의 지도법사인 충담사는 「안민가」와 「찬기파랑가」를 지어 당시 향가가 풍류도에서 비롯되었다는 것을 알 수 있다.

열치고 나타난 달이 흰 구름을 좇아 떠가는 것이 아닌가.
새파란 시내에 파랑婆郞의 모습이 있도다.
일오천 조약돌에서 낭郞이 지니신 마음 가를 좇으려 하노라.
아아! 잣나무 가지 드높아 서리 모를 화판花判이여.

—「찬기파랑가」

임금은 아버지요, 신하는 사랑하실 어머니요,
백성은 어리석은 아이라 하실지면 백성이 그 사랑을 알리라.
꾸물거리며 사는 물생物生에게 이를 먹여 다스린다.
이 땅을 버리고 어디 가려 할지면 나라 안이 유지됨을 알리이다.
(後句) 임금답게, 신하답게, 백성답게 할지면
나라 안이 태평하리이다.

—「안민가」

「안민가」는 임금은 임금답게, 신하는 신하답게, 백성은 백성답게 하면 나라가 태평해지리라는 정명론正命論에 입각한 노래이다. 충담사는 승려이지만 「안민가」의 내용은 유교적인 성격을 보이고 있어서 화랑도에 유·불·선이 융화되어 있다는 것을 파악할 수 있다. 위에서 보듯이 향가를 통해 인간성에 대한 성찰과 우국충정憂國衷情을 구가하고 있는 것을 볼 수 있다. 뿐만 아니라 자연 현상의 변화에 운치 있고 품위 있게 대응하여 서로 노래를 부르며 즐길 줄 아는 풍류가 있었다는 것을 알 수 있다.

한편 왕이 아들이 없어 표훈대덕을 불러 상제에게 청하여 후사를 부탁하자 상제가 딸을 구하는 것은 가능하지만 아들은 가능하지 않다고 하자 딸을 아들로 바꾸어 달라고 하여 태자를 낳으니 이 사람이 혜공왕이다. 이에 나라가 크게 어지러워졌으며, 마침내는 선덕왕宣德王과 김경신에게 시해되었고, 표훈대덕 이후로 신라에 성인이 나지 않았다고 기록하고 있다.

'혜공왕' 조에는 천재지변의 징후가 나타나고 96각간의 난이 일어나 석 달이나 지속되어 많은 사람이 살상을 당하였는데, 표훈대덕의 말에 나라가 위태하다고 하였던바, 이것이 드러난 것이라고 하였다. 여기서 혜공왕이 태어날 때 도교와 관련된 이야기와 어릴 때 도류道流를 좋아하였다는 이야기는 도교 때문에 나라가 어지러워졌다는 메시지를 은연중 풍기고 있다.

'원성대왕' 조에 따르면 김경신이 두 번째 재상의 자리에 있었는데 머리에 쓴 두건을 벗고 흰 갓을 쓰고, 12현금을 들고 천관사 우물 속으로 들어가는 꿈을 꾸었다. 불길한 꿈이라 생각하고 근신을 하고 있었는데 아찬 여산이 오히려 좋은 꿈이라고 해몽하며, 비밀리에 북천北川의 신에게 제사를 지내면 좋은 일이 있을 것이라 하여 그대로 하였다. 이후 선덕왕이 세상을 떠나자 국인들이 김주원을 왕으로 삼아 궁궐로 맞으려고 하였으나 북천의 냇물이 불어 건널 수가 없자 김경신이 먼저 궁궐에 들어가 왕이 되었다는 이야기이다. 왕의 아버지 대각간 효양은 '만파식적'을 지녔다가 왕에게 전하였다. 일본 왕이 이를 보고자 하였으나 거절하였으며, 당나라 사신이 호국룡을 술법을 써서 데려가려고 하자 왕이 이를 저지시켜 당나라 사람들이 왕의 명철함과 거룩함에 감복하였다는 이야기가 실려 있다. 왕릉은 토함산 서쪽 마을의 곡사鵠寺 자리에 있으며, 최치원이 지은 「대숭복사비」에 그에 대한 내용이 실려 있다. 「대숭복사비」는 지금 없어지고 탁본만 남아 있는데 헌강왕 11년(885)에 하교하여 곡사의 이름을 바꾸어 '대숭복大崇福'이라고 하였다고 기록되어 있다.

'조설' 조에는 제40대 애장왕 대 8월과 제41대 헌덕왕 대 3월,

제46대 문성왕 대 5월에 이른 눈이 내렸다는 사실이 실려 있는데 이는 천변지이天變地異에 대한 기록이라고 할 수 있다. 천변지이는 자연 현상의 이변이지만 정치가 제대로 이루어지지 않고 있다는 메시지를 담고 있는 것이다. '흥덕왕 앵무' 조는 제42대 흥덕왕이 당나라에 사신으로 갔던 이가 데려온 앵무새 중 암컷이 죽자 수컷이 거울 속의 그림자를 보고 짝을 얻은 줄로 여겨 그 거울을 쪼다가 그것이 제 그림자인 줄 알고 슬피 울다가 죽어서 왕이 노래를 지었다는 이야기이다.

'신무대왕 염장 궁파' 조는 제45대 신무대왕이 왕위에 오르기 전에 궁파(장보고)에게 왕위를 차지하면 장보고의 딸을 왕비로 삼겠다고 약속을 하였으나 귀족들이 반대하여 어렵게 되자 장보고가 반란을 일으키려 하였다 한다. 이때 장군 염장이 왕에게 장보고를 제거하겠다고 하고 장보고에게 가서 거짓말로 접근하여 함께 술을 마시고 취하게 하여 장보고를 제거하여 아간의 벼슬을 얻었다는 이야기이다. 장보고가 청해진을 중심으로 활발한 해상 활동을 한 내용은 빠져 있는데 이는 왕에게 반란을 일으킨 장보고에 대해 비판적 입장을 보이고 있기 때문인 것 같다. 일연은 주로 지방 사회에서 활동하다가 왕정복고 세력에 의해 강화도로 초청되었으며, 국존으로 추대되었기 때문에 왕권에 대한 도전은 용납하기 어려웠던 것 같다.

'48 경문대왕' 조는 응렴膺廉이 18살에 국선이 되었는데 스무살이 되자 헌안왕이 불러서 사방을 돌아다니며 어떤 기이한 일을 보았는가를 묻자 응렴이 세 가지 어진 사람들에 대해 이야기를 하므로 기특하게 여겨서 그에게 공주를 시집 보내겠다고 하였다는 이야기이다. 응렴이 어느 공주에게 장가를 가는 것이 좋을지 부모에게 의논을 하자 미인인 둘째 공주에게 장가를 가는 것이 좋겠다고 하였다. 그러나 낭도 중의 우두머리인 범교사는 첫째 공주에게 장가를 간다면 세 가지 좋은 일이 있을 것이라고 강권하여 마침내 왕위에 올랐다는 이야기이다. 왕의 침전에 매일 저녁 수많은 뱀들이 모여들자 왕은 뱀이 없으면 잠을 잘 수 없으니 쫓아내지 말라고 하였다고 한다. 또한 왕위에 오른 후에 왕의 귀가 갑자기 당나귀 귀처럼 길어졌는데 오직 복두장만이 그것을 알았으나 다른 사람에게 말하지 않았다고 한다. 복두장이 장차 죽으려 할 때 이 비밀을 아무도 모르는 대나무밭 속으로 들어가 "임금님 귀는 당나귀 귀다"라고 외치니 바람이 불면 "임금님 귀는 당나귀 귀다"라는 소리가 났다는 이야기이다. 이와 유사한 이야기는 범세계적으로 유포되어 있는데 '당나귀 귀를 가진 사람', '복두장이나 이발사에 의하여 발견된 비밀스러운 육체적 특이성', '주술적인 대나무나 갈대가 비밀을 폭로함' 등의 모티브로 이루어져 있다. 한편 국선 요원랑邀元郞, 예흔랑譽昕郞, 숙종랑叔宗郞 등이 강원도를 유람할 때 몰래 임금을 위하여 나라를 다스릴 뜻이 있어서 향가 세 수를 지었다. 「현금포곡玄琴抱曲」, 「대도곡大道曲」, 「문군곡問群曲」 등으로 그 제목을 보면 모두 나라와 왕을 위한 우국충정의 노래들이었으므로 왕이 칭찬을 하고 상을 주었다는 이야기이다. 이와 같이 향가는 인간에 대한 연민과 우국충정, 그리고 불교와 관련된 내용이라는 것을 알 수가 있다.

'처용랑 망해사' 조는 제49대 헌강왕이 개운포에 유람하여 동해 용의 일곱 아들 중 하나를 데리고 서라벌에 와서 정사를 보게 하였는데 그의 이름은 처용이라고 하였다는 이야기이다. 그의 아내가 아주 아름다웠으므로 역신疫神이 흠모하여 밤에 그의 집에서 몰래 자고 있는 것을 처용이 보고서 노래를 부르고 춤을 추며 물러났다고 한다. 이에 역신이 처용이 노여움을 나타내지 않은 것을 보고 처용의 모습을 그린 것만 보아도 그 문에 들어가지 않겠다고 하여 사람들이 처용의 형상을 문에 붙여서 사악한 것을 피하였다고 한다. 왕은 영축산 동쪽 기슭에 절을 세우고 망해사라고 하였는데 용을 위해서 세운 것이라고 한다. 왕이 포석정에 행차했을 때 남산신이 나타나 춤을 추었는데 왕만 홀로 보았으며, 그때 산신이 춤을 추어 바치며 노래를 부르면서 '지리다도파도파地理多道波道波'라고 하였다고 한다. 이는 지혜로운 자들이 많이 도망하여 장차 망할 것을 알고, 춤을 추며 경고를 한 것인데, 이를 깨닫지 못하고 쾌락에 빠졌으므로 나라가 망하였다고 기술하고 있다.

처용탈(E뮤지엄 웹사이트에서 전재, 국립국악원 소장)

'효공왕' 조는 이 왕대에 까치집이 수없이 지어지고, 3월에 서리가 내렸으며, 6월에 참포의 물이 바닷물과 사흘이나 서로 싸웠다고 한다. '경명왕' 조는 이 왕대에 사천왕사 벽화 속의 개가 짖고, 황룡사 탑의 그림자가 뜰 앞에 거꾸로 서고, 사천왕사 오방신의 활줄이 모두 끊어지고, 벽화 속의 개가 뜰의 복판으로 달려 나왔다가 다시 들어갔다고 한다. 이러한 해괴망측한 자연변이 현상은 마치 백제가 멸망할 때 일어난 현상과도 흡사하며, 나라가 망할 징조를 수록하고 있는 것이다. '경애왕' 조는 황룡사에서 백좌법회를 열어 불경을 풀이하고, 선승들에게 음식을 대접하고 왕이 불공을 드렸다고 하는데 이는 백좌법회에서 선종과 교종을 함께 강설한 시초로서 선종의 위상이 상당히 높아졌다는 것을 미루어 짐작할 수 있다.

'김부대왕' 조는 견훤이 경명왕 대에 신라를 침략하여 관청과 개인의 재물을 약탈하고, 왕을 죽이고, 왕비를 겁탈한 무자비한 모습을 서술한 반면에 왕건이 서라벌에 와서는 그의 군사들이 엄숙하고 절제해서 조금도 범한 것이 없이 돌아갔다고 기술하고 있다. 따라서 왕경의 사녀들이 옛날에 견훤이 왔을 때는 마치 늑대와 호랑이를 만난 것 같더니, 지금 왕건이 온 것은 부모를 만난 것 같다고 서술하여 왕건에게 여론이 우호적이라는 것을 암시하고 있다. 따라서 왕이 군신들과 논의하여 국토를 바치고 고려 태조에게 항복하기로 하여 왕건은 국서를 받고 태상 왕철을 보내 맞이하게 하였다고 한다. 태조는 장녀 낙랑공주를 경순왕의 아내로 삼게 하고, 경주 지역을 식읍으로 하사하고, 경순왕의 조카딸을 비로 맞이하여 겹사돈을 맺었다는 이야기이다. 나라가 통일되고 군신이 완전히 삼한으로 합쳤으니 아름다운 이름이 널리 퍼지고, 올바른 규범이 빛나고 높았다고 극찬을 하였다. 그리고 마지막 부분에는 김부식의 『삼국사기』의 사론 부분을 그대로 실어서 신라의 고려에의 귀부의 정당성을 더욱 강조하고 있다.

'남부여 전백제' 조는 『삼국사기』를 인용하여 백제의 도읍을 사비泗沘로 옮기고 국호를 남부여南扶餘라고 한 것과 그 이유가 백제 왕의 성씨가 부여扶餘씨라서 그렇게 불렀다는 내용을 기록하고 있다. 그리고 백제의 시조가 온조이며, 그 아버지가 주몽이라는 것과 남하하여 하남 위례성에 백제를 건국한 내용을 기술하고 있다. 그리고 의자왕 대에 멸망하였는데 5부, 37군, 200여 성, 76만 호라는 것을 기술하고, 정사암의 고사, 용암의 고사, 돌석의 고사, 대왕포의 고사와 함께 다루왕, 사이왕, 고이왕에 대해 언급하고 있다.

'무왕' 조는 서동이 태어난 설화와 신라에 와서 아이들에게 동요를 부르게 하여 선화공주를 취하였다는 내용과 금을 모아 신라에 보내고 미륵사를 창건하였다는 이야기가 실려 있다. 그러나 최근 익산 미륵사지 서탑을 정비하는 과정에서 사리장엄구가 출토되었는데, 그중 '금제사리봉영기金製舍利奉迎記'에는 무왕의 왕비가 좌평 사택덕적砂宅德績의 딸로 기록되어 있어서 미륵사의 창건에 대해 여러 가지 논쟁이 진행되고 있다. 당시에는 신라와 백제가 서로 각축을 하고 있었으므로 정치적 상황으로 보아 신라의 공주가 백제의 왕비가 될 수 없다는 것이다. 따라서 무왕의 왕비는 탑지에서 발견된 명문대로 사택덕적의 딸일 것이라고 본다.

'후백제 견훤' 조에서는 후백제를 건국한 견훤의 출생에 대해 『삼국사』를 인용하여 상주 출신으로 아버지는 농사를 짓는 아자개라고 서술하고 있다. 또한 『이제가기李磾家記』를 인용하여 견훤이 진흥대왕의 자손으로 아자개의 아들이라고 기술하고 있다. 한편 『고기』 등을 인용하여 밤에 지렁이와 관계하여 출생한 야래자夜來者 설화로 기술하고 있다. 아마 견훤의 세력이 강했을 때는 용과 관련시켰을 텐데 견훤이 왕건에게 패배하자 지렁이[池龍]로 바뀌었을 것이다. 견훤은 광주를 기반으로 세력을 확보하여 전주로 중심지를 옮기고 백제의 부흥을 내세우며 후백제를 건국하였다. 그 이후 세력을 더욱 확장하여 신라에 침입하여 경애왕을 죽이고 경순왕을 세우는 등, 포악무도한 모습을 보였다고 기술하고 있다. 최치원과 최승우가 작성하였다고 전하는 견훤과 태조 왕건 사이에 있었던 전투 기록과 왕래한 서신을 남기고 있으나 최치원이 직접 이 글을 작성하였는지는 확실하지가 않다. 그리고 견훤의 아들들이 견훤을 쫓아내고 반란을 일으킨 내용을 비교적 상세하게 기록하고 있는데 이는 견훤의 후백제가 멸망하게 된 이유가 자중지란이라는 것을 부각시키고, 왕건의 삼한 통일의 정당성을 강조하고자 하는 의도로 실은 것이다.

'가락국기' 조는 금관주지사를 지낸 문인이 찬술한 것을 일연이 축약하여 실은 것이다. 『김해 김씨 세보』에는 김양감金良鑑이 지었다고 되어 있으나 확실하지는 않다. 여기에는 김수로왕이 등장하기 전에 있었던 9간九干들에 대한 이야기와 그들이 구지봉에서 「구지가龜旨歌」를 불러 김수로를 맞이하여 왕으로 삼은 이야기 등이 실려 있다. 나성을 쌓고 궁궐을 짓고, 무기고와 창고를 짓는 등 국가 체제를 갖추어 가는 과정과 농사를 짓고 국경을 확정하는 과정도 기술하고 있다. 그리고 탈해가 바다에서 와서 왕위를 빼앗고자 하자 술법을 겨루어 수로왕이 다투어 물리치는 모습도 기술하고 있다. 9간들이 자신들의 딸 중에서 왕후를 간택할 것을 김수로왕에게 건의하였으나 왕은 하늘의 뜻을 기다리고자 하였다. 그리고 머나먼 아유타국에서 허황옥이 와서 김수로왕과 결혼하게 되는 과정을 아주 상세하게 전하고 있다. 김수로왕은 연안 지역의 해상 세력이 아니라, 보다 선진적인 원양 지역의 해양 세력을 지원 세력으로 끌어들였다고 할 수 있다. 이후 각종 제도를 정비하고 국가의 체제를 갖추고 마지막 부분에서는 그 이후의 왕들과 마지막 구형왕까지 기술하고 있다. 한편 문무왕 법민이 가야의 마지막 왕인 구형왕의 외손이므로 종묘에 합하여 제사하도록 하고 왕위전을 하사하였다는 기사를 실어 가야와 신라와의 관련성을 부각시키고자 하였다. 그리고 가야의 사당에 부정한 귀신에게 제사를 지내려고 하다가 죽거나, 사당 내의 보물을 도둑질하다가 사망하는 사실을 상세하게 남긴 것도 신라 왕과 가야 왕의 관련성을 돋보이고자 하였다고 할 수 있다. 더구나 고려시대에 들어와서도 사당에 대한 제사와 재정 문제에 대해 기술하고 있어서 가야와 신라 및 고려와의 관련성을 연결시키고자 하는 의도를 엿볼 수가 있는 것이다. 이는 경산에서 태어난 일연이 김해 김씨의 후

손이 아닌가 하는 생각이 들게 한다. 한편 이어서 질지왕 대에 허황후의 명복을 빌기 위하여 왕후사王后寺를 짓고 나중에 여기에 장유사長遊寺를 설치한 사실을 기록하여 허황후와 불교와의 관련성을 남겨 놓고 있다. 가야의 신라로의 귀부, 신라의 고려로의 귀부, 그리고 신라와 가야 불교의 고려로의 전승을 일연이 강조하고자 하는 의도가 있다고 볼 수 있다.

3. 권3 「흥법」편, 「탑상」편

권3은 「흥법」편과 「탑상」편으로 구성되어 있다. 「흥법」편은 불교의 전래, 수용, 공인에 대한 내용을 담고 있고, 「탑상」편은 불상, 불탑, 사찰 등 불교의 문화유산에 대한 내용으로 구성되어 있다.

1) 「흥법」편

권3 「흥법」편은 삼국에 불교가 전래되어 수용되고 공인하는 과정을 기록하고 있다. '순도 조려順道 肇麗', '난타 벽제難陀 闢濟', '아도 기라阿道 基羅', '원종 흥법 염촉 멸신元宗 興法 猒髑 滅身', '법왕 금살法王禁殺', '보장 봉노 보덕 이암寶藏 奉老 普德 移庵', '동경 흥륜사 금당 10성東京 興輪寺 金堂 十聖' 등 7개의 조목으로 구성되어 있다. 순도가 고구려에 불교를 전한 것, 마라난타가 백제에 불교를 전한 것, 아도가 신라에 불교를 전한 것, 이차돈의 순교 등이 사실적으로 기록되어 있다. 삼국 불교의 전래와 수용 및 공인에 대한 자료가 상세하게 기록되어 있는 것이다.

'순도 조려' 조는 「고구려본기」를 인용하여 고구려 소수림왕 2년(372) 전진 왕 부견이 사신과 승려 순도를 시켜 불상과 불경을 전해 왔으며, 동왕 4년(374)에 아도가 진나라에서 왔다고 하여 불교의 전래를 기록하고 있다. 이듬해(375), 초문사를 창건하여 순도를 있게 하고, 이불란사를 창건하여 아도를 있도록 하였다고 하고 이것을 고구려 불법의 시초라고 하여 불교의 수용을 기록하고 있다.

'난타 벽제' 조는 「백제본기」를 인용하여 침류왕 즉위년(384)에 호승 마라난타가 진나라에서 왔는데 궁중에 머물게 하고 공경하였다고 하여 불교의 전래를 기술하였다. 이듬해(385), 절을 도읍 한산주에 창건하고 승려 10인을 두니 이것이 백제의 불법의 시초라고 하여 불교의 수용을 기술하였다. 또 아신왕 즉위년(392)에 하교下敎하여 불법을 받들고 믿어 복을 구했다고 하여 불교의 공인을 기록하고 있다. 이렇게 불교의 전래와 수용을 단계적으로 명확하게 구분하여 서술하고 있다.

'아도 기라' 조는 「신라본기」를 인용하여 눌지왕 대에 사문 묵호자가 고구려로부터 일선군에 이르러 그 지역 사람인 모례의 집에 머물렀다고 기술하고 있어서 이때 불교가 전래되었다는 것을 알 수 있다. 이때 양나라에서 사신을 보내어 의복과 향을 주었는데, 묵호자가 이것을 보고서 향을 피우면 신성神聖에 정통한 것이라 하여 왕녀의 병을 치료하여 나았으나 어디론가 사라져 버렸다. 비처왕(소지왕) 대에 아도화상이 역시 모례의 집에 왔는데 그 모습과 행동이 묵호자와 비슷하였으나 수년을 머물다 죽었고, 시자侍者 세 명은 남아 경문과 율법을 강독하는 신봉자가 있었다고 하여 불교가 민간에 수용되었다는 것을 알 수 있다. 한편 「아도본비」를 인용하여 아도는 고구려 사람으로 미추왕 대(262-283)에 서라벌에 와서 불법을 일으키고자 하였으나 국인들이 법사를 해치려고 하여 모록(모례)의 집으로 돌아가 스스로 무덤을 만들어 문을 닫고 자결하여 다시 나타나지 않았다고 하여 불교가 수용되지 못한 것을 언급하고 있다.

'원종 흥법 염촉 멸신' 조는 「신라본기」를 인용하여 하급 관리인 이차돈이 불교를 위하여 몸을 바친 순교 사실을 전하고 있다. 그리고 보다 구체적인 내용은 「촉향분예불결사문髑香墳禮佛結社文」을 인용하여 법흥왕이 불교를 일으키고자 하였으나 조정 신하들이 이를 반대하여 이루지 못하고 있는 것을 염촉(이차돈)이 자신의 몸을 바쳐 불교를 진흥시켰다는 사실을 기록하고 있다. 이차돈은 "소신이 저녁에 죽더라도 아침에 불법이 행해지면 부처님의 해가 중천에 오르고 성군께서는 길이 평온하실 것입니다"라고 하여, 법흥왕이 군신들을 불러 내가 절을 짓고자 하는데 고의로 지체하는 이유가 무엇이냐고 하며 질책하자 모두 이차돈에게 화살을 돌리니 결국 이차돈을 죽이게 되었다는 이야기이다. 그러나 이차돈이 사망하자 흰 젖과 같은 피가 한 길이나 솟아올랐으며, 사방이 침침해지고 석양의 빛이 어두워졌으며, 땅이 진동하면서 비가 꽃처럼 나부끼며 떨어지는 이적이 나타났다고 기록하고 있다. 따라서 법흥왕의 위엄과 이차돈의 이적으로 인하여 대신들도 더 이상 불교의 수용을 반대할 수 없었다고 한다. 그러나 이것이 불교의 공인을 뜻하는 것은 아니고 이차돈의 순교 사실을 전하고 있는 것이다.

'법왕 금살' 조는 백제 제29대 법왕이 즉위년(599)에 조서를 내려 살생을 금하였다는 기사인데 민가에서 기르는 매들을 놓아주게 하고, 고기잡이나 사냥을 위한 도구를 불사르게 하여 일체 금지시켰다는 내용이다. 이듬해(600)에 30인의 승려에게 도첩을 주고 사비성에 왕흥사를 창건하게 했는데 처음에 기초만 세우고 승하하자 무왕이 왕위를 이어 수십 년에 걸쳐서 아버지가 닦은 터에 완성하고 미륵사라고 하였다는 이야기이다. 무왕은 익산에도 미륵사를 지었으므로 미륵사가 두 군데 창건되었다는 것을 알 수 있으며, 이를 통해 백제에서 미륵 신앙이 매우 중요하였다는 것을 알 수가 있다.

'보장 봉노 보덕 이암' 조는 「고구려본기」를 인용하여 고구려 말기에 도교를 수용하여 성행하게 되자, 보덕화상이 국운이 위태로워질 것을 염려하여 여러 차례 왕에게 간하였으나 듣지 않으므로 완주 고대산으로 옮겨 살았는데 오래지 않아 나라가 멸망하였다는 이야기이다. 한편 「고구려고기」를 인용하여 수 양제 때에 우상 양명羊皿이 죽어서 고구려의 대신이 되어 그 나라를 멸망시켜 제왕의 원수를 갚겠다고 태어난 것이 연개소문이라고 한다. 결국 연개소문이 도교를 받아들여 사찰을 도관道觀

으로 삼고, 도교를 유교와 불교보다 더 숭상하였으므로 고구려가 멸망하게 되었다는 내용이다.

'동경 흥륜사 금당 10성' 조는 「흥법」편에 편성되어 있으나 내용상으로 보아 「탑상」편에 들어갈 것이 잘못 편성되었다는 견해들이 있다. 동벽에 앉아 서쪽을 향한 진흙으로 빚은 소상塑像이 아도, 염촉, 혜숙, 안함, 의상 등이요, 서벽에 앉아 동쪽을 향한 소상은 표훈, 사파, 원효, 혜공, 자장 등이라는 기록이다. 소상에 대해 언급하고 있으므로 「탑상」편에 들어가는 것이 적합하다고 생각하지만 10성이 모두 신라에 불교를 전래하고 수용하고 진흥시켰다는 점에서 내용상으로는 「흥법」편에 편성해도 문제가 되지 않는다고 하겠다.

「흥법」편은 고구려와 백제 및 신라의 불교 전래와 수용 및 공인 과정에 대한 이야기와 삼국의 불교 발전 과정에 대한 내용으로 구성되어 있다. 고구려와 백제는 불교가 전래되고 수용하여 공인하는 과정이 순조로웠지만 신라는 수용과 공인 과정에 우여곡절이 많았다는 것을 이차돈 순교설화를 통하여 알 수 있다. 신라의 경우 이차돈 순교설화를 통하여 불교의 공인에 대해 언급하고 있지만 사실 순교설화는 순교에 대해서만 이야기하고 있을 뿐 공인에 대한 언급은 없으며, 진흥왕 대에 이르러 대흥륜사를 짓고 승려가 되는 것을 허락하였으므로 이때 비로소 공인이 되었다는 것을 알 수 있다.

크리스트교는 기원 전후한 시기에 시작하여 로마에서 많은 탄압을 받고 순교자가 속출하였으나 313년 밀라노 칙령에 의해 공인이 되어 비로소 종교의 자유를 얻을 수 있었다. 이와 같이 일연은 불교의 전래와 수용 및 공인의 과정을 뚜렷하게 구분하여 기록하고 있는 것이다. 그런데 아직도 일부 학자들은 불교의 수용과 법제적 조치인 공인을 혼동하여 전래와 수용 및 공인에 대해 제대로 이해하지 못하고 있다.

2) 「탑상」편

「탑상」편은 사찰, 탑, 불상 및 동종 등 불교 예배 대상에 대해 기록하고 있다. '가섭불 연좌석迦葉佛 宴坐石', '요동성 육왕탑遼東城 育王塔', '금관성 파사석탑金官城 婆娑石塔', '고려 영탑사高麗 靈塔寺', '황룡사 장6皇龍寺 丈六', '황룡사 9층탑皇龍寺 九層塔', '황룡사 종 분황사 약사 봉덕사 종皇龍寺 鍾 芬皇寺 藥師 奉德寺 鐘', '영묘사 장6靈妙寺 丈六', '사불산 굴불산 만불산四佛山 掘佛山 萬佛山', '생의사 석미륵生義寺 石彌

勒', '흥륜사 벽화 보현興輪寺 壁畫 普賢', '3소 관음 중생사三所 觀音 衆生寺', '백률사栢栗寺', '민장사敏藏寺', '전후 소장 사리前後 所藏 舍利', '미륵선화 미시랑 진자사彌勒仙花 未尸郎 眞慈師', '남백월 2성 노힐부득 달달박박南白月 二聖 努肹夫得 怛怛朴朴', '분황사 천수대비 맹아 득안芬皇寺 千手大悲 盲兒 得眼', '낙산 2대성 관음 정취 조신洛山 二大聖 觀音 正趣 調信', '어산 불영魚山 佛影', '대산 5만 진신臺山 五萬 眞身', '명주 오대산 보질도태자 전기溟州 五臺山 寶叱徒太子 傳記', '대산 월정사 5류 성중臺山 月精寺 五類 聖衆', '남월산南月山', '천룡사天龍寺', '무장사 미타전鍪藏寺 彌陀殿', '백엄사 석탑사리伯嚴寺 石塔舍利', '영취사靈鷲寺', '유덕사有德寺', '오대산 문수사 석탑기五臺山 文殊寺 石塔記' 등 30개의 조목으로 편성되어 있다.

'가섭불 연좌석' 조는 『옥룡집玉龍集』과 『자장전慈藏傳』 및 여러 전기를 인용하여 신라 월성의 동쪽, 용궁의 남쪽에는 가섭불의 연좌석이 있는데 그곳은 전불前佛시대의 가람터라고 기록하였다. 이어서 『국사』를 인용하여 진흥왕이 월성 동쪽에 신궁을 건축할 때 그 지역에서 황룡이 나타나므로 황룡사로 삼았다고 한다. 일연이 한번 직접 참배하였는데 돌의 높이가 5-6척 가량이고, 그 둘레는 세 아름이나 되며, 우뚝하고 위는 편편하였다고 하여 일연이 불교의 문화유산에 대해 실제 답사를 하고 그 수치까지 측정할 정도로 조예가 깊었다는 것을 알 수 있다. 그런데 몽골의 침입 이후 불전과 불탑이 모두 타 버리고 이 돌도 파묻혀 겨우 땅과 평행하게 된 것을 아쉬워하며 몽골의 만행을 지적하고 있다. 여기서 이 기사를 통해 「탑상」편도 일연이 직접 저술하였다는 것을 확인할 수가 있다.

'요동성 육왕탑' 조는 고구려 요동성 곁의 탑은 고구려 성왕이 순행을 하다가 믿음이 생겨서 7층 목탑을 세웠는데 인도의 아육왕阿育王이 사람들이 사는 곳마다 탑을 하나씩 세우도록 한 그 중의 하나가 아닌가 추정하고 있다. '금관성 파사석탑' 조에는 금관국 호계사의 파사석탑은 수로왕의 부인 허황후가 서역의 아유타국에서 실어 온 것이라고 하나 이 당시에는 불교가 아직 들어오지 않아서 '가락국기' 조에도 절을 지었다는 글이 없다고 기술하고 있다. 이어서 질지왕 2년(452)에 절을 짓고 왕후사라고 하였으며, 지금도 복을 빌고 있다고 하였다. 그리고 탑은 방형으로 4면에 5층인데 그 조각이 매우 기이하며 돌은 미세한 붉은 반점이 있는데 그 성질이 부드럽고 좋아서 이 지역의 종류가 아니라고 하는 등, 일연이 실제 답사를 하고 측정을 하고 감정까지 하고 있다. 심지어 『본초강목』에서 닭 볏의 피를 찍어서 시험한다는 것이 이것이라고 하며 실증적인 면모를 보이고 있다. 최근에 실제로 석탑의 돌이 이 지역에서 나오는 석재가 아니며, 오히려 인도의 아요디아 지역에서 나오는 석재라는 것이 밝혀졌다. 이것이 사실이라면 가야에 불교가 들어온 시기가 신라에 불교가 들어온 시기보다 앞서며, 이는 북방불교(대승불교)뿐만 아니라 남방불교(소승불교)가 전래 수용되었다는 것을 의미한다고 하겠다.

'고려 영탑사' 조는 『승전』을 인용하여 보덕스님이 『열반경』 마흔 권을 강의하였는데 한 신령한 사람이 와서 지팡이로 땅을 가리키며 땅속에 8면 7층의 석탑이 있다고 하여 거기를 파 보니 과연 있어서 이에 절을 지어 영탑사라 부르고 거기에 살았다는 이야기이다. '요동성 육왕탑' 조와 같이 일찍이 고구려에 불교가 전래되어 불탑이 있었다는 신이한 모습을 보여 주고 있다.

'황룡사 장6丈六' 조는 진흥왕 대에 황룡사를 짓고 나서 남쪽 바다에 큰 배 한 척이 나타나 배 안을 살펴보니 서축西竺의 아육왕이 석가삼존상을 주조하려다 이루지 못해, 인연이 있는 곳에 가서 장6의 존귀한 모습이 되어 주기를 바라는 첩문이 있었다고 한다. 그래서 금과 철을 가져다 장6상을 황룡사에 모셨더니 이듬해에 불상에서 눈물이 한 자나 흘렀는데, 이듬해 진흥왕이 세상을 떠났다고 한다. 신라가 천축의 아육왕도 이루지 못한 삼존상을 완성하였다는 것은 신라가 불국토라는 것을 강조하기 위한 것이다. 한편 당시에 몽골의 침입으로 큰 불상과 두 보살상은 모두 녹아 없어지고, 작은 석가상만이 남았다고 기록하고 있어서 몽골의 만행을 지적하고, 다시 조성하여 불국토를 완성하고자 하는 염원이 담겨 있다고 할 수 있다. 여기서도 일연이 직접 현장에 가서 확인하고 기록을 남기고 있는 것을 볼 수 있다.

'황룡사 9층탑' 조는 자장법사가 중국 오대산에 있을 때 문수보살이, 너희 나라는 법문을 많이 들어 아는 승려가 나라 안에 있기 때문에 군신이 편안하고 만민이 화평한 것이라고 하여 '불연불국토佛緣佛國土'설을 기록하고 있다. 그런데 중국의 태화지太和池를 지나는데 신인神人이 나타나, 너희 나라는 여자를 임금으로 삼아 덕은 있으나 위엄이 없으니 본국으로 돌아가 황룡사 안에 9층탑을 세우면 이웃 나라들이 항복하고 9한韓이 와서 조

황룡사 디오라마(국립경주박물관)

공을 하여 왕업이 편안해질 것이라고 하여 탑을 건축하게 되었다는 이야기이다. 그리고 『동도성립기』를 인용하여 제1층은 일본, 제2층은 중화, 제3층은 오월, 제4층은 탁라, 제5층은 응유, 제6층은 말갈, 제7층은 단국, 제8층은 여적, 제9층은 예맥이라고 구체적으로 밝히고 있다. 한편 『국사』를 인용하여 다섯 번이나 벼락을 맞고 여섯 번째 수축하였다 하였으며, 고종 25년(1238) 몽골의 침입으로 탑과 장6존상, 절의 전각들이 모두 타버렸다고 하여 몽골의 만행을 지적하며 또다시 수축하고자 하는 염원을 나타내고 있다.

'황룡사 종 분황사 약사 봉덕사 종' 조는 황룡사 종과 분황사 약사상 및 봉덕사 종을 주조하게 된 경위를 기술하고 있다. 경덕왕 13년(754)에 황룡사 종을 주조한 것과 종의 길이와 두께, 무게 등을 기록하고 고려 숙종 대(1095-1105)에 새로운 종을 만들었다는 기록을 남기고 있다. 이듬해(755)에는 분황사의 약사동상을 주조했는데 무게와 주조한 장인의 이름을 남기고 있다. 효성왕 26년(738) 아버지 성덕대왕의 복을 빌기 위하여 세운 봉덕사에, 혜공왕 26년(770) '성덕대왕신종聖德大王神鍾'을 조성하였는데 종명을 수록하지 않았다고 하였다. 이 성덕대왕신종은 봉덕사에 달았으나 수해로 폐사가 되어 영묘사에 옮겼다가 다시 봉황대에 종각을 지어 보호하다가 지금은 국립경주박물관 경내에 이전되어 안치되어 있다.

'영묘사 장6' 조는 선덕왕이 절을 짓고 소상을 만든 인연은 모두 「양지법사전良志法師傳」에 실려 있다고 하며, 경덕왕 23년(764)에 장6존상을 금으로 다시 칠을 하였는데 곡식이 23,700석이나 들었다고 기록하고 있으나 이 비용은 개금하였을 때의 것이 아니라 처음에 장6상을 조성할 때 소용된 것이라고 주기註記하고 있다.

'사불산 굴불산 만불산' 조는 사불산과 굴불산의 신이한 인연과 만불산의 기이한 기교에 대해 기술하고 있다. 진평왕 9년(587) 죽령 동쪽 백 리 쯤 되는 곳의 높은 산에, 사면이 한 길이나 되는 사방여래四方如來가 새겨진 돌이 붉은 비단에 싸여 그 산 정상에 떨어졌다. 왕이 그 말을 듣고 수레를 타고 가서 공경하여 바위 곁에 절을 세우고 대승사라 하였는데 이 산을 사불산이라고 한다고 한다. 경덕왕이 백률사에 행차하여 땅속에서 염불하는 소리가 들리므로 그곳을 파게 하였더니 거기에 큰 돌이 있었는데 사방불이 새겨져 있었다고 하며, 이로 인하여 절을 세우고, 굴불사掘佛寺라고 하였다고 한다. 한편 경덕왕은 당나라 대종(762-779) 황제가 불교를 특별히 숭상한다는 말을 듣고 장인에게 명하여 오색 모직물을 만들고, 침단나무와 좋은 구슬과 아름다운 옥을 조각하여 높이가 한 길 남짓한 가산假山을 만들어 모직물 위에 놓았다고 한다. 그리고 금과 옥을 세공하여 수실이 달린 깃발과 덮개, 망고와 치자 등의 화과花果, 백 보나 되는 건물 등을 만들어 장엄하게 하니 기세가 모두 살아 움직이는 것 같았다고 한다. 이를 만불萬佛이라 하였는데 사신을 보내어 대종에게 보내니 이를 보고 신라의 기교는 하늘이 만든 것이지 사람의 기교가 아니라고 하였다고 전한다.

'생의사 석미륵' 조는 선덕왕 대에 승려 생의生義가 도중사道中寺에 살고 있었는데 꿈에 한 승려가 데리고 남산에 올라가서 내가 이곳에 묻혀 있으니 파내어 고개 위에 안치해 달라고 하여 땅을 파니 돌미륵이 나오므로 삼화령에 안치하였다고 한다. 선덕왕 12년(644)에 절을 세우고 주석하니, 뒤에 절 이름을 스님의 이름을 따라서 생의사라고 하였다고 하는데, 나중에 충담사가 매년 3월 3일과 9월 9일에 차를 달여 공양한 것이 바로 이 불상이라고 한다.

'홍륜사 벽화 보현' 조는 경명왕 대에 홍륜사의 남문과 좌우 건물이 불에 탔는데 수리하지 못하다가 정화와 홍계 두 승려가 시주를 모아 장차 수리하려 하였다는 내용이다. 경명왕 5년(921)에 제석帝釋이 절의 왼쪽 경루에 내려와서 열흘 동안 머무르니 신이한 일이 일어나 사람들이 옥과 비단 및 곡식을 시주하니 산더미처럼 쌓이고, 며칠도 되지 않아 공사가 이루어졌다고 한다. 공사를 마치자 제석이 장차 돌아가려 하니 두 승려가 성스러운 모습을 그려 지성으로 공양하여 하늘의 은혜를 갚게 하기를 청하자, 제석이 나의 원력은 저 보현보살에 미치지 못하니 보현보살의 보살상을 그려서 공양을 하라고 하여 그렇게 하였는데 일연 당시에 그 보살상이 남아 있었다고 한다. 여기서도 일연이 직접 현장에 가서 확인하고 당시 상황을 기록하고 있는 것을 볼 수 있다.

'3소 관음 중생사' 조는 『신라고전』을 인용하여 중국의 한 화공이 황제의 명으로 그림을 제대로 그렸는데 오히려 화를 입으려다 면하게 되자 신라가 불법을 공경하며 믿는다고 하여 불사를 닦아 나라를 도우려고 신라에 왔다고 한다. 신라에 이르러 이 절의 대비상大悲像을 조성하니 나라 사람들이 공경하고 기도하여 복을 얻었다고 기록하고 있다. 신라 말에 최은함이 아들이 없어서 이 절의 관음보살 앞에 와서 기도하여 아들을 얻게 되었다. 석 달이 못 되어 견훤이 서라벌에 쳐들어와 혼란하게 되자 아이를 강보에 싸서 관음보살 사자좌 밑에 감추어 두고 반 달이 지나 돌아와서 아이를 찾아보니 그대로 있었다고 하는데 그가 바로 최승로라고 한다. 고려조에 들어와서 주지인 승려 성태가 보살 앞에 꿇어앉아 토지가 없어 향사香祀를 이을 수가 없어서 장차 다른 곳으로 떠나겠다고 말하자 관음보살이 꿈에 나타나 내가 연화緣化로써 재齋를 드리는 비용을 충당할 것이라고 하여 절을 떠나지 않았다고 한다. 그 후 김해 지방 사람들이 와서 시주하였는데 연화 비구의 상이 나타나서 보고 왔던 것으로, 이 때문에 쌀과 소금을 바침이 해마다 끊이지 않았다고 한다. 고려 명종 3년(1173) 점숭占崇이란 승려가 이 절에 살고 있었는데 글자는 알지 못하였으나 성품이 순수하여 향과 꽃 공양을 부지런히 받들었다고 한다. 어떤 승려가 이 절은 국가에서 은혜를 빌고 복을 받는 곳이므로 친의천사襯衣天使에게 글을 읽을 줄 아는 사람이 이 절을 주관하게 해야 할 것이라고 하였다. 그러나 천사가 글을 거꾸로 주었는데도 점숭이 거침없이 읽었으므로 이는 대성의 보살핌을 받고 있다고 하고서 결국 절을 빼앗지 않았다고 한다. 이 중생사의 관음보살이 최승로를 보살펴 살려 내고, 김해까지 가서 연화로써 재비를 충당하고, 글을 읽지 못하는 점숭이란 승려가 글을 읽을 수 있도록 하는 등 세 번의 영험함을 보인 것을 기록하고 있다.

'백률사' 조는 국선인 부례랑夫禮郞이 실종되었다가 그의 부모가 백률사의 대비상에서 기도를 드린 후 거문고와 피리 두 보물을 가지고 돌아왔다는 이야기이다. 효소왕 원년(692)에 화랑 부례랑이 낭도들을 거느리고 금강산으로 유람을 나갔는데 원산 지역에 이르러 오랑캐들에게 잡혀가서 문객들은 돌아오고, 안상安常만이 그를 쫓아갔다고 한다. 이때에 상서로운 구름이 천존고를 덮어서 조사하게 하였더니 창고 안에 있던 거문고와 피리 두 보물이 없어졌다고 한다. 이에 부례랑의 부모가 백률사의 대비상 앞에서 여러 날에 걸쳐 기도를 드렸더니 향을 놓은 탁자 위에 거문고와 피리 두 보물이 놓여 있고, 부례랑과 안상 두 사람도 불상 뒤에 와 있었다고 한다. 이에 왕이 부례랑을 맞아들이고, 거문고와 피리를 찾았으며, 부처님의 자비로운 은혜에 보답하기 위해 각종 재물을 하사하고, 피리에 이름을 내려 '만만파파식적萬萬波波息笛'이라고 하였다고 기록하였다.

'민장사' 조는 경덕왕 대에 장춘이라는 청년이 실종되었는데 어머니가 민장사 관음보살 앞에서 기도를 드리자 장춘이 갑자기 돌아왔다는 이야기이다. 보다 자세한 이야기는 다음과 같다. 경덕왕 4년(745), 우금리의 가난한 여자 보개의 아들 장춘이 바다의 장사꾼을 따라가서 오랫동안 소식이 없자 어머니가 민장사 관음보살 앞에 가서 이레 동안 정성스럽게 기도를 드리니, 장춘이 갑자기 돌아왔다고 한다. 장춘은 바다에서 회오리를 만나 판자 한 쪽을 타고 오나라 지역의 해변에 닿게 되었는데, 어느 날 고향에서 온 듯한 승려가 그를 데리고 동행하자 바로 서라벌에 도착하였다고 한다. 이 이야기를 듣고 경덕왕이 절에 밭을 시주하였으며, 재물을 바쳤다고 하는데 불교의 영험함에 임금이 감동하여 시주하였다는 것을 기록하고 있다. 여기서 오나라는 남중국 지역을 지칭하므로 이 시기에 남중국과도 교류를 하였으며, 무역을 하였다는 것을 알 수 있다.

'전후 소장 사리' 조는 진신사리와 부처님의 어금니 등의 전래와 소장 과정에 대해 언급하고 있는데 마지막 부분에 일연의 제자인 무극이 썼다고 기술되어 있어 편찬자에 대해 논란

이 되는 부분이다. 『국사』를 인용하여 진흥왕 10년(549)에 양나라에서 불사리佛舍利를 보내왔으며, 선덕왕 12년(643)에 자장율사가 가지고 온 부처님의 두골頭骨과 어금니 및 사리 백 낱이 있었는데, 사리는 셋으로 나뉘어 일부분은 황룡사에, 일부분은 태화사 탑에, 일부분은 통도사 계단에 있으며, 나머지는 자세하지 않다고 한다. 그 이후 고려조에 들어서서 통도사에 있었던 백 낱의 사리가 어쩐 일인지 네 낱만이 남았다고 한다. 의상법사가 가져온 부처님의 어금니와 고려의 사신들이 가져온 부처님의 어금니를 강화도로 천도할 때(1232) 잊고 챙기지 못하여 고종 23년(1236), 왕이 궁중을 두루 찾아보게 하였으나 찾지 못하였다고 한다. 당시에 관련된 사람들을 불러 조사하였으나 찾지 못하였다가 누군가 몰래 갖다 바쳐서 찾게 되었다고 한다. 사리와 어금니를 찾은 것을 기념으로 재를 올리고 정성을 다하여 촛불로 이마와 팔에 연비燃臂하는 사람이 이루 헤아릴 수 없었다고 하는데 이 기록은 당시 내전 분수승이었던 기림사의 대선사 각유覺猷에게서 얻어들은 것이라고 일연이 기술하고 있다. 이어서 대장경의 전래 과정과 소장처를 상세히 기술하고 있으며, 마지막 부분에 무극이 직접 체험한 경험담을

덧붙이고 자기가 기록하였다는 것을 남겨 놓고 있다. 충렬왕 10년(1284)에 국청사 금탑을 수리하고 왕후와 함께 묘각사에 행차하여 대중을 모아 법회를 하였는데 이때 부처님 어금니와 낙산사의 수정염주, 여의주를 군신과 대중이 떠받들어 경배한 후 함께 금탑 안에 넣었다고 한다. 무극이 이 모임에 직접 참례하여 부처님 어금니를 직접 보았는데 그 길이가 3촌寸이 되고 사리는 없었다고 기록하고 있다. 무극이 기록하였다는 기사가 있어서 무극이 『삼국유사』의 찬자라는 견해가 있으나 『삼국유사』에는 무극이 기록하였다는 기사는 여기의 '전후 소장 사리' 조와 권4 「의해」편의 '관동풍악 발연수석기' 조밖에 없으며, 다른 이가 썼다는 기록도 없으므로 『삼국유사』의 편찬자는 일연이며, 간행할 때 간행을 책임진 무극이 추기하고 두 조목에서만 자기가 썼다는 기록을 남기고 있다고 보아야 한다.

'미륵선화 미시랑 진자사' 조는 진흥왕 대에 화랑제도를 만들었다는 것과 진지왕 대에 흥륜사의 진자라는 승려가 미륵선화를 찾아내어 왕이 국선으로 삼았으나 7년 뒤에 사라졌다는 내용의 이야기이다. 진흥왕이 법흥왕의 뜻을 이어 불교를 받들어 절을 세우고 사람들이 승려가 되는 것을 허락하였다고 하여 불교의 공인을 기록하고 있다. 그리고 민간의 낭자 중에서 아름답고 예쁜 소녀를 선택하여 받들어 원화源花로 삼았으나 남모랑南毛娘과 준정랑俊貞娘의 무리가 편을 갈라서 서로 다투어 원화제를 폐지시켰다고 한다. 그러나 나라를 진흥하게 하려면 풍월도風月道가 필요하다고 생각하여 좋은 가문 출신의 청소년으로서 덕행이 있는 자를 뽑아 화랑이라고 하고, 그중에 뛰어난 화랑을 국선國仙이라고 하였다고 한다. 진지왕 대에 흥륜사의 승려 진자가 미륵상 앞에서 원願을 세워 미륵불께서 화랑으로 세상에 화현하여 항상 거룩하신 모습을 받들어 모시게 해 달라고 간절하게 기도하여 미륵선화를 만나게 되니 진지왕이 국선으로 삼았다고 한다. 이와 같이 원화제와 화랑제의 시행 동기 및 국선에 대해 살펴볼 수 있는 매우 유용한 사료라고 할 수 있다. 신라는 청소년들을 집단 훈련을 시켜서 인재를 발굴하기 위해 화랑제를 시행하였으며, 그중에서 탁월한 리더십을 가진 청소년을 국선으로 발탁하여 국가의 동량으로 삼았던 것이다. 그리고 이들이 통일 전쟁 과정에서 김유신과 같이 혁혁한 군공을 쌓아서 삼국 통일의 역군으로 인식되고 있는 것이다. 그러나 화랑과 낭도가 하나의 군사 집단으로 편재되어서 출전한 경우는 없으므로, 개별적으로 군사적 역할은 하였지만 이들을 전사 집단으로 보는 것은 잘못된 것이다. 원화와 화랑은 원래 제사 의례를 지내는 제사 집단에서 비롯되었다가 통일 전쟁 과정에서 군사적 역할을 하기도 하고, 전후에는 인재 양성의 요람이 되었던 것이다. 이 기사는 특히 화랑이 미륵 신앙과 관련된다는 것을 보여 주고 있는데 김유신은 자신이 이끄는 낭도들을 '용화향도龍華香徒'라고 하여 미륵불을 신봉하는 집단이라는 것을 보여 주고 있다. 김유신이 15세에 화랑이 되고, 17세에 중악中嶽 석굴에 들어가 수련을 하였다고 하는 신선사神仙寺 남쪽 바위의 명문에는 미륵석상을 조성하였다는 기록이 지금도 남아 있다.

'남백월 2성 노힐부득 달달박박' 조는 백월산에서 수도에 정진하던 노힐부득과 달달박박이 관세음보살의 도움으로 미륵불과 아미타불로 성불하였다는 이야기이다. 지금의 창원시에 있는 백월산에서 노힐부득과 달달박박이 처자를 거느리고 산업을 경영하고 서로 왕래하며, 수행을 하며 속세를 떠날 생각을 하였다고 한다. 그래서 승려가 되어 백월산 무등곡으로 들어가 각기 암자에 살면서 부득은 미륵을 부지런히 구하였고, 박박은 미타를 예로서 염불하였다고 한다. 성덕왕 8년(709) 한 낭자가 북암에 와서 머물기를 청하였으나 박박은 아녀자가 올 곳이 아니라며 돌려보내니, 낭자가 남암에 가서 머물기를 청하자 부득은 그를 맞이하여 암자 안에 있도록 하였다고 한다. 밤이 되자 낭자가 해산기가 있으니 짚자리를 깔아 달라고 하여 해산을 하고 나서 목욕할 것을 청하여 마지못해 따랐더니 연화대에 앉아 미륵존상이 되어 광명을 발하였으며, 그 몸이 금빛으로 단장되어 있었다. 박박도 남은 통의 물로 목욕을 하여 아미타불의 상을 갖게 되었는데 이는 그 낭자가 사실은 관음보살로서 이곳에 이들이 정진하는 것을 도와서 큰 깨달음을 얻도록 한 것이라고 한다. 경덕왕이 이 이야기를 듣고 동왕 16년(757)에 사자를 보내 대가람을 창건하게 하고 백월산 남사南寺라고 하였는데 혜공왕 원년(764) 7월 15일에 완성되었다고 한다. 이날은 부모님의 명복을 비는 우란분재盂蘭盆齋의 날로서 혜공왕이 이 해에 돌아가신 아버지 경덕왕의 명복을 빌고자 이날을 택하여 창건한 것으로 보인다. 사찰에 미륵존상을 만들어 금당에 봉안하고 액호를 미륵지전이라 하고, 아미타상을 만들어 강당에 봉안하여 액호는 무량수전이라고 하였다는 기록을 남기고 있다. 여기서 주목해야 할 것은 처자식을 데리고 수행하는 재가승이 있었다는 점과 일반 백성도 성불할 수 있다는 평등 사상이 보인다는 점이다. 일연은 백성들도 성불할 수 있다는 자료를 제시하여 백성들에게 꿈과 희망을 주고 백성들의 중요성을 일깨우고자 하였다고 할 수 있다.

'분황사 천수대비 맹아 득안' 조는 한 어머니가 자신의 아이가 눈이 멀자 분황사의 천수대비 벽화에 기도를 하여 눈을 뜨게 되었다는 이야기이다. 경덕왕 대에 한기리에 사는 희명이라는 여인이 아이가 태어난 지 5년 만에 갑자기 눈이 멀게 되자 아이를 안고 분황사 좌전 북벽에 그려진 천수대비 앞에 나아가 아이에게 노래를 지어 빌게 하였더니 눈을 떴다는 것이다. 향가의 하나인 「도천수대비가禱千手大悲歌」가 기록되어 있다.

> 무릎을 꿇으며 두 손을 모아 천수관음 앞에 빌어 사뢰옵니다.
>
> 천 개의 손과 천 개의 눈을 가지셨사오니, 하나를 내어 하나를 덜어 주옵소서.
>
> 두 눈이 먼 나이오니 하나라도 고쳐 주옵소서.
>
> 아아, 나에게 주신다면 자비가 클 것입니다.
>
> —「도천수대비가」

'낙산 2대성 관음 정취 조신' 조는 의상법사가 친견한 관음의 진용과 두 보주, 굴산조사 범일梵日이 얻은 정취正趣보살상, 세달사의 장사莊舍인 승려 조신調信이 꿈에서 겪었던 생로병사를 통한 깨달음에 대한 이야기이다. 먼저 의상법사가 당나라에서 돌아와 관음보살의 진신이 이 해변의 굴 안에 있다는 이야기를 듣고 이레 동안 재계하여 관음의 진용을 보고 절의 이름을 낙산사라 하고 자기가 받은 보주를 성전에 모셔 두고 이곳을 떠났다고 한다. 그리고 굴산조사 범일이 당나라에 들어가 명주 개국사에서 왼쪽 귀가 떨어진 사미를 만났을 때 귀국하면 자기 집을 지어 달라고 하였다. 귀국 후에 그 사미가 꿈에 나타나 재촉하였는데 덕기방德耆坊이라는 곳에서 왼쪽 귀가 떨어진 돌부처를 찾았다고 한다. 이것이 곧 정취보살의 조상彫像이었으므로 낙산 위에 불전 세 칸을 지어 그 보살상을 모셨다고 한다. 그 후 100여 년이 지나 들에 불이 났으나 오직 관음과 정취 두 성인을 모신 불전만은 화재를 면하였다고 한다.

한편 세달사의 장사인 승려 조신이 태수 김흔의 딸을 좋아하여 남몰래 그 여인과 인연이 맺어지기를 빌다가 그 여인에게 배필이 생기자 관음보살에게 빌며 깜빡 잠이 들었다고 한다.

꿈속에서 낭자가 일찍부터 스님을 사모하였다고 하며 반려자가 되고자 하기에 40여 년간 같이 살면서 자녀 다섯을 두었다. 가난하여 아이들이 병이 들고 굶어서 죽게 되어 헤어지기로 하면서 잠에서 깨어났더니 백발이 성성하게 되었다고 한다. 한평생의 고생을 다 겪고 난 것 같아 탐욕의 마음도 얼음 녹듯이 깨끗이 없어져 관음보살의 거룩한 모습을 대하기가 부끄러워 참회하여 꿈에 해현蟹峴에 묻은 자리를 파 보았더니 돌로 만든 미륵이 나와서 정토사를 세워 부지런히 불도를 닦았다는 이야기이다. 이 이야기는 춘원 이광수의 소설 『꿈』의 주제가 되었으며, 그 이후 여러 번에 걸쳐 영화로도 만들어져 상영되어 스토리텔링의 좋은 예가 되었다. 『삼국유사』는 소설이나 드라마 및 영화의 소재가 될 수 있는 스토리텔링이 많아서 문화콘텐츠의 보고라고 할 수 있다.

'어산 불영' 조는 만어산萬魚山에 독룡이 살고 있었고, 다섯 명의 나찰녀가 있어서 서로 통하여 번개와 비를 내려 오곡이 익지 않았는데 가락국 왕이 부처를 청하여 나찰녀들이 5계를 받고 자연재해가 그쳤다는 이야기이다. 이 이야기는 북천축국에 있었던 고사를 그대로 가락국에서도 일어난 것으로 전개되고 있는데 부처님이 보이지 않으면 용들이 또 해악을 끼칠 것을 우려하자 부처님이 그림자를 남겨 악한 마음을 그치도록 하였다는 이야기이다. 고려 명종 10년(1180)에 처음 만어사를 세웠는데 승려 보림이 장계를 올려 산중에 기이한 자취가 북천축 가락국의 부처 그림자 사적과 부합하다고 하여 일연이 직접 가서 예배를 드리고 보니 믿을 만하다고 하며, 골짜기 안에 있는 돌의 대부분이 금과 옥의 소리를 내고, 멀리서 보면 곧 나타나며, 가까이서 보면 보이지 않는 것이 북천축국의 것과 마찬가지라고 하였다. 여기서도 일연이 직접 현지에 가서 답사를 하고, 거기서 이야기를 듣고 기록하였다는 것을 알 수 있다. 『관불삼매경』, 『고승전』, 『서역기』 등을 인용하여 비슷한 이야기를 전개하고 해동 사람들이 이 산을 '아나사'라고 부르는데 '마나사'라고 불러야 한다고 하며, 이는 번역하면 물고기를 이르는데 저 북천축의 고사를 취하여 이렇게 부른다고 하였다. 지금도 밀양시 삼랑진읍에 있는 만어산에 가 보면 소리가 나는 수많은 돌들이 널려 있는데 이 돌들은 물고기가 변해서 된 것이라고 전한다.

'오대산 5만 진신' 조는 자장법사가 중국의 오대산에서 문수보살을 친견하고 게偈를 받고서 신라로 귀국하여 오대산에서 문수보살을 친견한 것과 정신대왕淨神大王의 태자인 보천寶川과 효명孝明이 오대산에 들어와 암자를 짓고 불법을 닦은 이야기이다. 자장법사가 중국 오대산의 문수보살의 진신을 뵙고자 하여 선덕왕 5년(636)에 당나라에 들어가 이레 동안 정성스럽게 기도를 하여 문수보살의 게를 받았다고 한다. 자장법사는 선덕여왕 12년(643)에 신라로 귀국하여 문수보살을 친견하고 칡넝쿨이 있는 곳으로 가라는 게를 받고 갔는데 지금의 정암사淨巖寺가 그곳이라고 하였다. 그리고 자장법사가 귀국했을 때 정신대왕의 태자인 보천과 효명 두 형제가 천 명의 무리를 데리고 유람을 하다가 속세를 떠나 불문에 들어갈 것을 몰래 약속하고 아무도 모르게 도망하여 오대산에 숨어들었다고 한다. 보천과 효명은 그곳에 암자를 짓고 머무르며 부지런히 불법을 닦았는데, 동대東臺의 만월산에는 1만 관음보살의 진신이 나타나고, 남대南臺인 기린산에는 1만의 지장보살, 서대西臺인 장령산에는 1만의 대세지보살, 북대北臺인 상왕산에는 5백의 대아라한, 중대中臺인 풍로산에는 1만의 문수보살 진신이 나타났다고 한다. 그런데 왕경에서 왕위 쟁탈전이 일어나자 장군 네 명이 와서 두 태자를 임금으로 모시고자 하니 보천은 사양하고, 효명이 왕위에 올랐다고 한다. 보천은 항상 신령스러운 골짜기의 물을 길어 마셨으므로 만년에 육신이 허공을 날아 울진국 장천굴에 멈추었다가 오대산 신성굴로 돌아왔고, 문수보살이 보천의 이마에 물을 붓고 성도成道의 약속을 주었다고 전한다.

'명주 오대산 보질도태자 전기' 조는 앞의 '오대산 5만 진신' 조와 거의 내용이 같은데 다만 주인공이 5만 진신이 아니라 보질도태자로 되어 있다. 보질도태자가 동생 효명태자와 함께 오대산에 숨어들어 와 염불하고 수행하고 5대에 나아가 공경하며 예배하였는데 진여원에는 문수보살이 매일 아침에 36가지의 형상으로 변화하여 나타났다고 한다. 왕경에서 왕위 쟁탈전이 일어나 장군 네 사람이 오대산에 이르러 임금으로 모시러 왔는데 보질도태자는 눈물을 흘리며 돌아가지 않으므로, 효명태자만 모시고 돌아가 왕위에 올랐다는 것도 같은 내용이다. 보질도태자는 골짜기의 신령스러운 물을 마시고 육신이 공중을 날아 울진대국의 장천굴에 들어가 불도를 닦다가 다시 오대산 신성굴로 돌아와 50년 동안 도를 닦았다는 기록도 대동소이하다. 왕위에 오르는 것보다 불도를 갈고 닦고 수행하는 것이 더 의미가 있다는 메시지를 전하고 있다.

'대산 월정사 5류 성중' 조는 신효거사가 어머니가 고기가 아니면 식사를 하지 않으므로 길에서 학 다섯 마리를 보고 쏘자 학 한 마리가 깃 하나를 떨어뜨리고 가서 보니, 모든 사람이 모두 짐승으로 보여서 자기의 넓적다리 살을 베어 어머니에게 드렸다고 한다. 그 후 곧 중이 되어 자기 집을 희사하여 절을 만들었으며, 관음보살의 교시로 오대산으로 왔다가 다섯 비구를 만나 그들이 5류 성중의 화신임을 알았다는 이야기이다. 월정사는 자장법사가 처음으로 지은 것이며, 신효거사가 와서 살았고, 범일의 문인 신의 두타가 와서 암자를 짓고 살았는데 절에 있는 5류 성중과 9층석탑은 모두 성자의 유적이라고 기록하고 있다.

'남월산' 조는 성덕왕 18년(719)에 중아찬 김지성金志誠이 돌아가신 아버지 인장 일길간과 어머니 관초리부인을 위해 감산사甘山寺 한 채와 미륵존상과 미타불을 조성하였다는 사실과 두 불상의 뒷면에 있는 명문 내용을 수록하고 있다. 명문을 보면 김지성이 어머니 관초리부인을 위하여 미륵보살상을, 아버지 인장 일길간을 위하여 아미타불상을 조성하였다는 것을 알 수 있다. 미륵보살상과 아미타불상은 지금 국립중앙박물관에 소장되어 전시되고 있는데 명문의 내용이 다소 차이를 보이고 있다. 그것은 미륵보살상은 김지성 생전에 완성되어 명문의 내용이 김지성의 서술을 반영하였으나 아미타불상은 김지성의 사후 왕명을 받들어 나마奈麻 총聰이 찬하였기 때문이다. 한편 『삼국유사』에 기록된 명문과 불상의 명문도 차이를 보이는데 이는 아마 일연의 문도가 손으로 필사한 것을 그대로 실었기 때문이라고 생각한다.

'천룡사' 조는 고위산(남산) 남쪽에 있었는데 신라 말에 쇠잔해졌으나 최승로의 손자인 최제안이 천룡사를 중수하여 '석가만일도량'을 두었다는 이야기이다. 서라벌 남쪽에 있는 고위산 남쪽에 절이 있어 천룡사라 하였는데 중국에서 온 사신 악붕귀樂鵬龜가 저 절을 파괴하면 신라가 며칠 만에 망할 것이라고 하였다고 하는데 과연 신라 말에 쇠잔하여 파괴되었다고 한다. 고려 정종 7년(1040)에 최승로의 손자 최제안이 폐사를 중수하여 석가만일도량을 두고 조정의 명을 받았으며, 신서信書와 원문願文이 있어서 절에 남겨 두었다고 한다. 그 신서의 내용에 의하면 임금께서 만수무강하며 백성과 나라가 편안하고 태평하기를 원하여 전각을 세우고 불상을 조성하고 석가만일도량을 열었다고 하여 호국 불교의 모습을 보이고 있다.

'무장사 미타전' 조는 원성대왕의 아버지가 숙부인 파진찬을 추모하기 위해 창건하였다고 하는데 아미타불을 모신 미타전이 있었으나 일연 당시에는 미타전은 허물어졌고 절만 남아 있었다고 한다. 태종 무열왕이 삼국을 통일한 후에 병기와 투구를 이 골짜기 안에 감추었기 때문에 무장사鍪藏寺라고 불렀다고 한다. 여기서도 일연이 직접 현지에 답사를 하여 들은 이야기를 기록으로 남겼다는 것을 알 수 있다.

'백엄사 석탑 사리' 조에 백엄사는 신라시대 북택北宅 집터를 희사하여 절을 세웠다고 한다. 중간에 폐사가 되었다가 925년에 희양산 긍양화상이 와서 10년을 머물다가 희양산에 들어가고 1065년에 주지 수립秀立이 규칙 10조를 정하고 5층석탑을 세워 진신사리 마흔두 낱을 봉안하였다는 이야기이다.

'영축사' 조는 신문왕 3년(683)에 재상 충원 공이 동래온천에서 목욕을 하고 돌아오다가 꿩이 상처를 입고서도 우물 안에서 새끼들을 보호하는 것을 보고서 공중에 있던 매가 더 이상 덤비지 않는 것을 보고 절을 세우는 것이 좋겠다고 하여 영축사를 세웠다는 이야기이다. '유덕사' 조는 신라의 최유덕이 자기 집을 희사하여 절로 삼아 유덕사라 하였다는 것과 그 후손인 최언위가 최유덕의 진영을 걸어 모시고 비를 세웠다는 것을 전하고 있다.

'오대산 문수사 석탑기'의 오대산 문수사의 석탑은 신라시대에 세운 것으로 탑의 위치가 조금 동쪽에 있어서 그 연유를 알고자 하여 백운자白雲子가 고려 의종 10년(1156) 세운 석탑기를 보고서 이해하게 되었다는 이야기이다. 백운자는 오종석을 이르며, 고려 무신정권 시기에 도피하여 승려가 되어 명산을 두루 방랑하면서 일생을 마친 인물이다. 이 '오대산 문수사 석탑기' 조를 백운자가 찬술한 것으로 보는 견해도 있으나 이 조목은 일연이 찬술하고 내용 중에 백운자가 쓴 「오대산석탑기」 현판의 내용을 인용하고 있는 것이다.

「탑상」편은 사찰의 연기설화, 탑파의 조성 경위, 불상의 조성 경위, 범종의 주조 경위, 사리의 전래와 소장 경위, 불화의 예배 대상들을 이야기하며 신라의 불국토 관념과 그 관념이 고려로 이어지고 있다는 것을 강조하고 있다. 그리고 몽골의 침입으로 이러한 불교의 문화유산이 불에 타고 없어진 것을 개탄하면서 이들을 복원함으로써 고려의 전통을 다시 찾아야겠다는 의지가 담겨 있다는 것을 알 수가 있다. 「탑상」편의 '가섭불 연좌석' 조, '금관성 파사석탑' 조, '황룡사 장6' 조, '황룡사 9층탑' 조, '홍륜사 벽화 보현' 조, '어산 불영' 조, '무장사 미타전' 조 등에서 일연이 직접 현장에 가서 예배를 하고 불교의 문화유산을 답사하는 것으로 보아 「탑상」편도 일연이 편찬하였다는 것을 확인할 수 있다. 한편 '전후 소장 사리' 조는 뒷부분에 무극이 썼다는 기록을 남겨 그것 이외에는 일연이 썼다는 것을 알 수 있어서 『삼국유사』의 찬자는 일연이라는 것을 확인할 수 있는 것이다.

4. 권4 「의해」편

권4 「의해」편은 고승대덕高僧大德들의 불교 수행과 사상 및 포교에 대한 이야기를 기록하고 있다. '원광 서학圓光 西學', '보양 이목寶壤 梨木', '양지 사석良志 使錫', '귀축 제사歸竺 諸師', '2혜 동진二惠 同塵', '자장 정율慈藏 定律', '원효 불기元曉 不羈', '의상 전교義相傳敎', '사복 불언蛇福 不言', '진표 전간眞表 傳簡', '관동풍악 발연수석기關東楓岳 鉢淵藪石記', '승전 촉루勝詮 髑髏', '심지 계조心地 繼祖', '현유가 해

화엄賢瑜伽 海華嚴' 등 14의 조목이 기록되어 있다.

'원광 서학' 조는 『속고승전』과 『수이전』을 인용하여 원광법사의 불교에 대한 수행과 포교 및 나라와 임금을 위한 우국충정과 귀산과 추항에게 준 「세속오계世俗五戒」에 대한 이야기이다. 먼저 『속고승전』을 인용하여 원광법사가 중국에 유학을 가서 『성실론』과 『열반경』을 공부하고 『성실론』과 『반야경』을 강론한 이야기가 기록되어 있다. 그리고 귀국 후 나라를 위해 전표와 계서 등 나라에서 오가는 국서를 썼다는 것과 임금의 병환을 치료하였다는 이야기가 나온다. 한편 『수이전』을 인용하여 중국에 가기 전 안강에 있는 금곡사에 있을 때의 일화와 그 산의 신이 중국에서 불법을 배워 와서 나라 사람들을 올바로 인도하라고 계책을 가르쳐 주었다는 이야기가 실려 있다. 귀국하여 법사는 항상 대승 경전을 강설하였으며, 걸사표를 쓰고, 귀산과 추항에게 세속인들이 지켜야 할 '사군이충事君以忠', '사친이효事親以孝', '교우유신交友有信', '임전무퇴臨戰無退', '살생유택殺生有擇' 등의 「세속오계」를 주었다는 이야기이다. 임금에게 충성하고, 부모에게 효도하고, 친구와 사귈 때 믿음을 가지며, 전쟁에 임하여서는 후퇴하지 않고, 살생을 할 때는 시기와 크기를 잘

선택하여야 한다는 내용이다. 당시 삼국의 전쟁이 심하였으므로 호국적인 성격이 강하게 나타나고 있다. 맨 마지막에 일연이 두 전기에서 법사의 성을 박씨, 또는 설씨라 하고, 중국 또는 신라에서 출가하였다고 다르게 표기되어 있어서 두 전기를 다 실었다고 한다. 또한 고려 사람 김척명이 항간의 이야기를 윤색하여 원광법사의 전기를 만들었고, 운문사를 창건한 보양조사의 사적을 함부로 기록하여 하나의 전기로 만들었는데 이후 『해동고승전』을 지은 각훈이 이러한 잘못을 답습하였기 때문에 많은 사람들이 미혹되었다는 것을 지적하였다. 그리고 원광법사가 일찍이 중국에 가서 불법을 배워 온 이후, 서쪽으로 가서 불법을 배우러 가는 사람이 많게 된 것은 원광법사가 길을 열었기 때문이라고 높이 평가하고 있다.

'보양 이목' 조는 보양寶攘조사가 중국에서 돌아오다 용왕의 아들 이목을 데리고 와서 작갑사鵲岬寺를 세웠다는 것과 태조 왕건과의 인연을 기록하고 있다. 보양조사가 중국에서 불법을 공부하고 돌아오다가 서해 바다에서 용궁으로 들어가 불경을 염송하고 금으로 수놓은 가사 한 벌을 시주받고 용왕의 아들 이목을 데리고 와서 작갑사를 세웠다는 이야기이다. 이목이 절

옆에 작은 못에 살면서 불법의 교화를 도왔는데 큰 가뭄이 들어 비를 내리게 하니 천제가 직분에 어울리지 않는 일을 하였다고 하여 죽이려 하였다. 이에 보양조사는 뜰 앞의 배나무[梨木]를 가리켰고, 천사가 배나무에 벼락을 치고 하늘로 올라갔는데 용이 어루만지자 되살아났다는 이야기이다. 일연은 후세 사람이 『신라수이전』을 고쳐 지으면서 작탑과 이목의 사실을 원광법사의 전기에 잘못 기록하고, 이후 『해동고승전』의 찬자가 이를 따라 윤색하여 보양조사의 전기가 없어지고, 후세 사람들에게 잘못 알도록 하였다는 것을 다시 지적하고 있다. 여기서 일연이 『삼국유사』를 찬술하게 된 목적이 『삼국사기』의 내용을 보충할 뿐만 아니라 『해동고승전』의 잘못된 부분을 바로 고치고자 하는 데도 있었다는 것을 확인할 수 있다.

'양지 사석' 조는 승려 양지良志가 석장사에 주석하면서 영묘사와 천왕사, 법림사 등의 불상과 불탑들을 조성하였다는 것을 이야기하고 있다. 승려 양지의 조상이나 고향에 대해서는 자세히 알 수 없는데 선덕왕 대(632-647)에 자취를 남겼으며, 석장 끝에 포대 하나를 걸어 놓으면 저절로 날아가서 시주집에 이르러 소리를 내면 재비齋費를 넣었고, 포대가 차면 날아 돌아와서 그가 있던 곳을 석장사라고 하였다고 한다. 영묘사의 장6존상과 천왕상 및 전탑의 기와, 천왕사 탑 아래의 팔부신중, 법림사의 주불삼존과 좌우 금강신 등을 모두 소조로 만들었다고 전한다. 양지스님이 조성한 불상들과 신중상들이 간다라 미술의 영향을 받았으므로 서역의 승려라는 견해가 있으나 확실하지 않다.

'귀축 제사' 조는 아리나발마를 비롯하여 천축에 갔던 스님들에 대한 이야기이다. 『구법고승전』에 의하면 아리나발마는 신라인으로 중국에 건너갔는데 정관 연간(627-649)에 장안을 떠나 천축에 가서 나란타사에 머물면서 불경 공부를 하고 고향에 돌아오고자 하였으나 이루지 못하였다고 한다. 그 뒤를 이어 혜업, 현태, 구본, 현각, 혜륜, 현유와 이름이 없어진 두 법사가 석가의 교화를 보려고 중천축국에 갔었으나 현태를 제외하고 당나라에 돌아온 이는 없었다고 한다. 그러나 혜초스님은 인도에 갔다가 당나라로 돌아가서 『왕오천축국전』을 지었는데 '귀축 제사' 조에 빠져 있는 것을 보면 여기에 기록된 승려 이외에 더 많은 승려들이 인도에 가서 불법을 배웠을 것이다.

'2혜 동진' 조는 승려 혜숙과 혜공의 신이한 행적을 기록으로 남긴 것이다. 승려 혜숙이 국선 구참 공瞿旵公을 따라 사냥을 하며 살육에 몰두한 것을 보고 넓적다리를 베어 소반에 올려놓아 일깨운 이야기 등을 기록하였다. 그리고 승려 혜공이 주인 천진 공을 위해 종기를 낫게 하고, 미리 예측을 하여 매를 갖다 바치는 등 이적이 나타났으므로 출가하였다고 한다. 그러나 매번 술에 취하여 길거리에서 삼태기를 진 채 춤을 추고 노래를 하여 부궤負簣화상이라고 하였으며, 절의 우물 속에 들어가 몇 개월 동안 나오지 않았다고 한다. 만년에 항사사에 옮겨 살았는데 원효성사가 여러 경전의 주해를 지으면서 스님을 찾아가 의심나는 것을 묻거나 서로 선문답을 주고받았다고 한다. 두 사람이 시냇가에서 물고기와 새우를 잡아먹고 돌 위에 대변을 보았는데 공이 이것을 보고 놀리기를 '네 똥은 내 물고기'라고 하였다고 하여 절 이름을 오어사吾魚寺라 하였다고 한다.

'자장 정율' 조는 자장율사의 탄생과 출가, 불도에 입문하여 중국의 오대산에서 문수보살을 친견하고 신라에 돌아와 대국통大國統이 되어 승려들의 법규를 만들고 각종 불사들을 주관한 것을 기록하였다. 자장율사는 천부관음千部觀音의 가피로 태어나 출가하고 선덕여왕 5년(636)에 당나라에 들어가 오대산에서 문수보살로부터 게송을 받고 태화지로 갔다가 장안에 들어

갔다. 선덕왕 12년(643)에 경전과 불상을 가지고 신라에 돌아와 대국통이 되어 승려들의 일체 법규를 바로잡고 불교를 널리 퍼뜨렸으며, 조정에 건의하여 중국의 의관衣冠을 입게 하고 중국의 역법을 받들도록 하였다. 만년에 수다사水多寺를 창건하고, 갈반지葛蟠地로 가서 정암사淨岩寺를 창건하고 문수대성이 내려올 것을 기다렸으나 남루한 방포를 입은 거사로 현화한 것을 못 알아보고 아상我相을 버리지 못한 것을 후회하여 몸을 던져 죽었다고 기록하고 있다. 자장율사가 계율과 의복에 집착하여 대국통이지만 성불하는 데는 성공하지 못하였다고 한 것이다.

'원효 불기' 조는 원효성사의 탄생과 출가 및 행적이 『당전』과 행장에 모두 실려 있으므로 『향전』의 기록 중의 특이한 사적을 중심으로 기록하고 있다. 원효는 진평왕 39년(617) 압량군 불지촌에서 태어났으며, 어렸을 때 이름은 서당誓幢이었고, 다음 이름은 신당新幢이었다고 한다. 원효성사가 거리에서 "누가 자루 없는 도끼를 허락해 줄 것인가, 내가 하늘 고일 기둥을 받칠 터인데"라고 하자 태종 무열왕이 "이 스님이 귀부인을 얻어 현명한 아이를 낳겠다는 것이다"라고 하여 요석공주와 만나게 하여 설총을 낳도록 하였다. 그 후 세속의 옷으로 갈아입고 스스로를 소성거사라 불렀으며, 일체의 걸림이 없다는 「무애가無㝵歌」를 지어 세상에 퍼뜨려 가난하고 무지몽매한 무리들이 부처님의 이름을 알게 하였으며, '나무아미타불'을 부르게 하여 원효성사의 교화가 참으로 컸다고 한다. 문자를 모르는 백성들도 '나무아미타불 관세음보살'을 부르며 염불을 하면 서방정토 극락세계에 갈 수 있다고 하여 불교의 대중화를 이끌었다는 것을 일연은 극찬하고 있다. 일연도 불교의 대중화에 관심이 많아서 『삼국유사』를 통하여 백성들의 관음 신앙과 아미타 신앙 및 미륵 신앙에 대한 내용을 많이 언급하고 있는 것이다. 그리고 일연은 다른 승려들은 율사나 법사라고 호칭하고 있는 데 반하여 원효에 대해서는 성사라는 극존칭을 사용하고 있다.

원효 대사 진영(오어사 소장)

'의상 전교' 조는 의상법사가 당나라에 가서 『화엄경』을 공부하고 돌아와서 부석사 등 화엄십찰華嚴十刹을 창건하고 「화엄일승법계도華嚴一乘法界圖」를 짓고 화엄 사상을 전한 것을 기록하고 있다. 의상법사는 당나라에 가서 종남산 지상사에서 지엄智儼을 뵙고 『화엄경』의 묘한 뜻을 깊고 세밀한 데까지 분석하였다고 한다. 당나라가 군사를 일으켜 신라를 치려 하자 의상법사는 문무왕 10년(670)에 귀국하여 조정에 그 사실을 알리고, 태백산으로 가서 부석사를 창건하고 대승의 교화를 펼치고, 화엄십찰을 창건하였다. 「화엄일승법계도」를 지어 일승一乘의 주된 요점을 모두 포괄하였으며 10대 제자를 비롯한 수많은 제자들을 양성하였다고 한다.

'사복 불언' 조는 사복이 어머니가 죽자 원효성사와 함께 장사를 지내고 어머니의 시체를 업고 연화장蓮花藏 세계로 들었다는 이야기이다. 사복은 과부가 남편도 없이 아이를 낳았는데 열두 살이 되어도 말을 하지 못하여 사동이라고 하였다고 한다. 그런데 어머니가 죽자 원효성사와 어머니의 장례를 치루며 원효성사에게 설법을 하고 게偈를 주기를 청하였는데 원효가 "나지 말라, 죽는 것이 고통이니라. 죽지 말라, 나는 것이 고통이니라"라고 하였다. 사복이 그 말이 번거롭다고 하여 원효성사가 다시 "죽고 나는 것이 고통이다"라고 간단명료하게 법문을 하였다. 그리고 사복이 어머니의 장례를 치르고자 할 때 연화장 세계가 나타나 어머니의 시체를 업고 무덤에 함께 들어갔는데 그 땅이 다시 합쳐졌으며, 원효성사는 돌아왔다고 한다. 연화장 세계는 연꽃에서 태어났다는 석가모니불의 정토로, 그 가운데 일체의 나라와 현상이 간직되어 있다는 세계이다. 따라서 사복이 원효성사에게 정토 신앙을 알려 주고 게송도 간단명료하게 '나무아미타불'만 염불하면 정토에 왕생할 수 있다는 것을 가르쳐 준 것을 엿볼 수 있다. 후세 사람들이 그를 위하여 금강산 동남쪽에 절을 세우고 이름을 도량사라 하였으며, 매년 3월 14일에 점찰법회占察法會를 하는 것을 항규로 삼았다고 한다.

'진표 전간' 조는 진표율사가 완산주 만경현 사람으로 금산사에서 숭제법사 밑에서 익히고 명산을 두루 다니다가 선계산 불사의암에서 수련하던 중 지장보살로부터 수계를 받았다는 이야기이다. 이어 영산사로 옮겨 용맹정진을 하니 미륵보살이 나타나 『점찰경』 두 권과 증과證果의 간자簡子 189개를 주어, 진표율사가 돌아와 살면서 해마다 불단을 열어 법시를 널리 베풀었다고 한다. 경덕왕이 이 말을 듣고 궁중으로 맞아들여 보살계를 받고 수많은 시주를 하였으며, 진표율사가 이것을 모두 받아 여러 산사에 나누어 주어 널리 불사를 일으켰다고 한다. 전법을 얻은 수제자로는 영심, 보종, 신방, 체진, 진해, 석총 등이 있는데 모두 산문의 개조가 되었으며, 영심은 진표가 간자를 전해 속리산에 주석하면서 법통의 계승자가 되었다고 한다.

'관동풍악 발연수석기' 조는 이 절의 주지인 영잠이 세운 비석의 내용을 일연의 제자인 무극이 간추려서 실은 것이다. 진표율사는 지장보살로부터는 정계를 받고 미륵보살로부터는 두 개의 간자를 받고 금산사에 내려와 미륵장6상을 조성하였다. 속리산으로 가는 도중에 우마차를 탄 사람을 만났는데 소들이 진표율사가 계법을 받은 것을 알아보고 그를 중히 여기는 것을 알고서 소의 주인도 삭발을 하고 계를 받았다고 한다. 고성군에 이르러 금강산으로 들어가 발연수鉢淵藪를 창건하고 점찰법회를 열었는데 주석한 지 7년에 이 지역에 흉년이 들어 사람들이 굶주리게 되었다. 진표율사가 이를 위하여 계법을 설하니 무수한 물고기가 나와 이것을 팔아서 먹을 것을 마련하였다고 한다. 진표율사는 아버지와 함께 다시 발연수에 가서 같이 불도를 닦다가 세상을 마쳤는데 영잠스님이 고려 명종 27년(1199)에 뼈를 수습하여 통에 담았더니 세 홉 남짓이나 되었으며, 큰 바위에 있는 두 그루의 나무 아래에 비를 세우고 뼈를 안치하였다고 한다. 앞의 '진표 전간' 조와 고향, 간자의 숫자와 내용들이 차이가 있어서 무극이 당시에 남아 있었던 '관동풍악 발연수석기'의 비문을 축약하여 싣고 무극이 썼다는 것을 기록으로 남기고 있다.

'승전 촉루' 조는 승전법사가 중국에 가서 현수賢首 문하에서 불경을 공부하고 고향으로 돌아와 현수의 서신을 의상법사에게 전하였고, 그가 돌로 만든 해골을 관속으로 삼아 『화엄경』을 강의하였다는 이야기이다. 현수의 서신을 전하여 원융圓融의 교훈이 신라에 보급된 것이 승전법사의 공功이라고 한다. 승전법사는 상주 지역의 개령군에 사원을 개창하고, 돌로 만든 해골을 대상으로 『화엄경』을 강의하였는데 그 돌 해골 80여 개가 일연 당시까지 전하고 있다는 이야기이다.

'심지 계조' 조는 승려 심지가 속리산에서 영심이 진표율사의 불골간자를 전해 받는 과증果證법회에 참여하여 두 간자簡子를 받고 돌아와 동화사에 불당을 지어 모셨다는 이야기이다. 『점찰경』 상권을 보면 제8간자는 받고 싶던 오묘한 계율妙戒을 얻음이요, 제9간자는 전생에 받은 바 계를 얻음이요, 제189간자는 해탈을 얻는 것이니, 8과 9의 간자는 다 189간자에서 나온 것이라고 하였다.

'현유가 해화엄' 조는 유가종의 대현大賢이 『금강경金剛經』을 강연하고, 화엄종의 법해法海가 『화엄경』을 강연하고 나서 가뭄에 단비가 내려 해갈을 하게 되었다는 이야기이다. 유가종의 조사인 대덕 대현이 경덕왕 12년(753) 여름에 가뭄이 심하자 내전에서 『금강경』을 강연함으로써 단비가 내렸다는 것이다. 이듬해(754) 여름에 왕이 대덕 법해를 황룡사로 청하여 『화엄경』을 강연하게 하였더니 홍수가 날 정도로 많은 비가 내렸다는 것이다. 이를 통해 이 당시에 유가종보다 화엄종이 더 교세가 강했다는 것을 암시한다고 하는 견해도 있다.

「의해」편은 고승대덕들의 행적과 사상 및 포교에 대해 기술하고 있는데 화엄종과 유가종 및 계율종 등, 교종 종파를 망라하여 언급하고 있다. 그러나 조계종의 가지산파인 일연이 선종 승려들에 대한 행적과 사상 및 포교에 대해서는 언급하고 있지 않아서 그 이유에 대해 많은 추측이 무성하다. 아마도 일연의 다른 저서인 『조파도祖派圖』에서 선종 승려에 대해 다루었으므로 『삼국유사』에서는 교종 승려에 대해서만 다루었을 것이라고 추측하고 있다.

5. 권5 「신주」편, 「감통」편, 「피은」편, 「효선」편

권5는 맨 앞에 국존國尊 조계종曹溪宗 가지산하迦智山下 인각사麟角寺 주지住持 원경충조대선사圓鏡沖照大禪師 일연 찬一然 撰으로 기록되어 있으므로, 권5는 당연히 일연이 편찬한 것이다. 그리고 그 밖의 권에서도 다른 찬자가 기록되어 있지 않으며, 「탑상」편의 경우에 일연이 직접 현장답사를 한 조목들이 있으므로 『삼국유사』의 찬자를 일연으로 보고 있는 것이다. 권5는 「신주」편과 「감통」편, 「피은」편, 「효선」편으로 구성되어 있다.

1) 「신주」편

「신주」편은 밀교密敎 승려들에 대해 기록하고 있는데 '밀본 최사密本 摧邪', '혜통 항룡惠通 降龍', '명랑 신인明朗 神印' 등 3개의 조목으로 구성되어 있다. '밀본 최사' 조는 밀본이 선덕왕의 병을 고치고, 김양도의 병을 치료하고, 김유신의 친척인 수천의 악질을 치료하러 갔다가 신통력을 보인 것을 기록하였다. 선덕왕이 병에 걸려 오랫동안 낫지 않아 흥륜사의 승려 법척이 왕을 치료하였으나 효험이 없어 밀본을 불렀더니 침실 밖에서 『약사경』을 읽으매 왕의 병이 곧 나았다고 한다. 김양도가 갑자기 입이 붙고 몸이 굳어져 말도 못하고 움직이지도 못하였으나 밀본이 불경을 펼치기도 전에 김양도의 병이 치료되어 말도 하고 몸도 풀렸다고 한다. 수천이 오래 악질에 걸려 있어서 김유신이 밀본을 보내 진찰하게 하였는데 수천의 친구인 인혜라는 승려가 비웃자 신통력을 보여 주었다는 이야기이다.

'혜통 항룡' 조는 혜통이 출가하여 당나라에 가서 무외 삼장의 제자가 되고 공주의 병을 고치고, 정공과 함께 신라에 와서 독룡을 쫓아 버렸으나 정공에게 해코지를 하자 용을 달래어 불살계不殺戒를 주고, 국사가 되었다는 이야기이다. 자세한 내용은 다음과 같다. 승려 혜통은 수달 한 마리를 잡아 죽여 뼈를 정원에 버렸는데, 예전에 살던 구멍에 돌아가 새끼 다섯 마리를 안고 있는 것을 보고 자극을 받아 속세를 버리고 출가하여 이름을 혜통이라 하였다. 당나라에 가서 무외 삼장을 뵙고 배우기를 청하여 3년 동안 공을 들여 결국 무외 삼장으로부터 인결印結을 받았으며, 당나라 공주의 병을 낫게 하였다는 것이다. 교룡은 혜통이 자기를 내쫓은 것을 원망하여 신라의 문잉림文仍林으로 가서 사람들을 해쳤는데, 정공이 당나라 사신으로 왔다가 독룡이 신라에서 해악이 심하다고 하여 함께 신라로 돌아와 독룡을 쫓아 버렸다. 그러나 독룡이 정공의 문밖에 버드나무가 되어 길을 막고 있자, 산릉을 만들고 장례 길을 닦는 데 방해가 되어 관리가 베려고 하니 정공이 이를 만류하다가 결국 죽게 되었다. 조정에서 혜통마저도 제거하고자 하였으나 혜통이 신통력을 보여 이를 모면하고, 왕녀가 병이 들어서 치료하여 낫게 하니 왕이 크게 기뻐하여 그를 국사로 삼았다고 한다. 여기에 나오는 문잉림을 『삼국사기』 '제사'지에 나오는 문열림文熱林으로 보기도 하는데 문열림은 해와 달에 대한 제사인 일월제日月祭를 행하던 곳이다.

'명랑 신인' 조는 명랑법사가 당나라에 들어갔다가 돌아와 문두루비법을 써서 당나라 군대를 물리쳐 신라를 구하고 신인종神印宗의 개조가 되었으며, 고려에 와서 그 제자들이 비법을 써서 해적을 물리친 것을 기록하고 있다. 태조 왕건이 이들을 위해 현성사를 세워서 한 종파의 근원으로 삼아 신인종이 고려시대에도 이어지고 있다는 것을 이야기하고 있다.

「신주」편은 밀본, 혜통, 명랑 등 신인종의 법사들의 신통력으로 병을 고치고 군대를 물리쳐 나라를 구한 이야기를 남기고 그러한 전통이 고려시대까지 이어지고 있다는 것을 이야기하고 있다.

2) 「감통」편

「감통」편은 감동스러운 신비한 불교 체험에 대해 기록하고 있는데 '선도성모 수희불사仙桃聖母 隨喜佛事', '욱면비 염불서승郁面婢 念佛西昇', '광덕 엄장廣德 嚴莊', '경흥 우성憬興 遇聖', '월명사 도솔가月明師 兜率歌', '선율 환생善律 還生', '김현 감호金現 感虎', '융천사 혜성가 진평왕 대融天師 彗星歌 眞平王 代', '정수사 구빙녀正秀師 求氷女' 등 9개의 조목으로 구성되어 있다.

'선도성모 수희불사' 조는 비구니 지혜가 불전을 수리하고자 할 때 선도산의 성모가 나타나 불사를 도와주며 주존 3불과 함께 53불과 6류 성중 및 여러 천신天神과 5악五岳 신군神君을 모시고 점찰법회를 열어 달라고 하자 그렇게 하였다는 이야기이다. 사찰은 원래 불·보살을 모시는 불상이나 보살상을 조성하고 전각을 짓는 것인데 불·보살뿐만 아니라 선도산 신모神母의 요구대로 천신과 산신을 모셨다는 것은 진평왕 대에 이미 불교의 토착화가 이루어졌다는 것을 알 수 있다. 처음에는 천신과 산신을 벽에 그려서 같은 건물 안에 봉안하였지만 나중에 천신과 산신을 그려 다른 건물에 봉안하게 되면서 산신각 등 삼성각이 생기게 된 것이다. 산신각은 어느 나라 절에도 보이지 않고 우리나라 사찰에서만 나타나는 한국 불교의 특징이라고 할 수 있는데 산신을 모시는 풍습이 신라시대 진평왕 대부터 이루어졌다는 것을 알 수 있는 대목이다. 성모에 대해 중국 황실의 딸로 신선의 술법을 얻어 해동으로 와서 오랫동안 돌아가지 않았다고 하였으나 이는 김부식의 『삼국사기』에 따른 것으로 사실 산신은 지역의 토착신으로 보아야 할 것이다. 선도산은 『삼국사기』 '제사'지 소사 항목에 '서술西述'로 표기되어 신라시대 소사小祀에 해당하는 제의가 지내졌던 제장이었다.

'욱면비 염불서승' 조는 여종인 욱면이 주인인 귀진보다도 먼저 서방정토 극락세계에 왕생하였다는 이야기이다. 경덕왕 대에 진주에서 수십 명이 미타사를 세우고 만일계를 만들어 정진하였는데 여종인 욱면이 주인인 귀진과 함께 염불을 하여서 귀진이 못마땅하여 방해를 하였으나 결국 서방정토 극락세계로 먼저 왕생을 하였다고 한다. 여종이 주인보다도 먼저 성불할 수 있다는 것은 성불에 있어서 귀천이 없이 평등하다는 것을 이야기하고 있으며, 이러한 전통은 고려에 이어지고 있다는 것을 강조하고자 하는 의미가 있다.

'광덕 엄장' 조는 광덕이 처자식을 데리고 살면서 정성껏 서방정토에 가기를 염원하며 먼저 다다르니, 엄장이 광덕의 처와 함께 장례를 치르고 결혼을 하였으나 상관하지 아니하고 더욱 정진할 것을 면려하여 결국 서방정토에 오를 수 있게 되었다는 이야기이다. 여기서도 재가승의 모습을 볼 수 있으며, 일반 백성도 원효성사가 이야기를 하였듯이 '나무아미타불 관세음보살'의 염불을 열심히 외우면 서방정토 극락세계에 갈 수 있다는 것을 보여 주고 있다. 마지막 부분에 서방정토 극락세계에 가고자 하는 염원을 읊은 「왕생가往生歌」라는 향가가 기록되어 있다.

달아, 이제 서방 거쳐 가시리이고.

무량수불 앞에 일러 사뢰소서.

다짐 깊으신 존전에 우러러 두 손 모두어 사뢰옵나니

왕생을 원하옵나이다, 왕생을 원하옵나이다.

그리는 사람 있다고 사뢰소서.

아아, 이 몸을 버려 두고 48 대원大願을 이루시겠습니까.

—「왕생가」

'경흥 우성' 조는 대덕 경흥이 국사가 되어 왕궁에 말을 타고 출입을 하였는데 "대성大聖께서 오셔서 내가 가축을 타는 것을 경계하도록 하셨다"라고 하고는 종신토록 다시는 말을 타지 않았다고 하는 이야기이다. 미륵보살이 말법 제자들을 먼저 제도할 것이지만 말을 탄 비구만은 제외하여 부처를 보지 못하게 할 것이라는 이야기를 인용한 것을 보면 일연도 국사이지만 말을 타지는 않았던 것 같다. 고려 후기의 불교계의 타락상을 빗대어 비판하고 있는 대목이라고 할 수 있다. 일연이 충렬왕을 만나러 경주에 갔을 때 불교계는 뇌물로서 승직을 얻었으며, 취처한 승려가 거의 반이었다고 한다.

'진신 수공' 조는 효소왕 6년(697)에 망덕사望德寺 낙성회를 베풀고 왕이 직접 가서 공양하였는데 한 누추한 옷을 입은 비구가 있어서 왕이 직접 공양하는 재에 갔었다는 이야기를 하지 말라고 하자, 다른 사람에게 진신석가를 모시고 공양하였다고 말하지 말라고 하였다는 이야기이다. 입고 있는 옷으로 그 사람을 판단해서는 안 된다는 메시지를 주고 있는데 이는 고려 후기 불교가 타락하여 승려들이 호의호식하는 것을 비판하고자 하는 의도가 있다고 하겠다. 당시에 승려들이 승직을 얻는데 뇌물로 능라비단을 바쳐서 '나선사羅禪師'나 '능수좌陵首座'로 불리었다고 한다.

'월명사 도솔가' 조는 월명사가 「도솔가」를 지어 해(태양)에 있었던 변괴를 사라지게 하고, 죽은 누이동생을 위하여 재를 올리고 「제망매가祭亡妹歌」를 지었다는 이야기이다. 경덕왕 19년(760) 두 개의 해가 나타나 열흘 동안 사라지지 않아 월명사가 국선의 무리에 있어서 향가만을 알 뿐이라고 하면서 「도솔가」를 지으니 변괴가 사라졌다고 한다. 경덕왕의 한화정책漢化政策에 대해 비판하고자 하는 의미로 향가를 지었다고 할 수 있다.

오늘 이에 산화 불러
뿌리 온 꽃이며 너는,
곧은 마음의 명 받들어,
미륵좌주 모시어라.
—「도솔가」

월명사는 일찍 죽은 누이동생을 위하여 재를 올리고 「제망매가」를 지어 제사를 지냈는데 갑자기 회오리바람이 일더니 종이돈(紙錢)을 불어서 서쪽 방향으로 날려 사라지게 하였다고 한다.

생사 길은,
예 있으매 머뭇거리고,
나는 간다는 말도 못다 이르고 어찌 갑니까.
어느 가을 이른 바람에,
이에 저에 떨어질 잎처럼,
한 가지에 나고 가는 곳 모르온져,
아아, 미타찰에서 만날 나,

도 닦아 기다리겠노라

—「제망매가」

'선율 환생' 조는 망덕사의 선율이 『육백반야경』을 만들고자 하였으나 끝내지 못하고 죽자 저승사자가 돌려보내면서 보전寶典을 완성하라고 하여 돌아오려는데 한 여인이 부탁하여 집안의 원한을 풀고자 시주를 하여 열흘 만에 환생하여 여인의 원을 풀어 주었다는 이야기이다. 선율이 환생하여 여인의 말대로 여인의 부모에게 빼앗은 땅을 돌려주게 하고, 여인이 시주한 참기름을 가져다 불등佛燈에 불을 켜고, 베를 팔아 경폭經幅을 삼고, 그 여인의 명복을 빌었더니 이미 고뇌에서 벗어났다는 것이다.

'김현 감호' 조는 김현이 탑돌이를 하면서 눈이 맞은 호랑이의 덕택으로 벼슬을 하고 호랑이를 위하여 호원사虎願寺를 창건하였다는 이야기와 신도징申屠澄이 호랑이와 결혼하여 잘 지내다가 호랑이가 해를 입히고 도망갔다는 이야기이다. 신라 풍속에 2월 초여드렛날부터 보름날까지 서라벌의 남녀들이 흥륜사의 전탑을 도는 복회福會가 있어서 김현이 탑돌이를 하다가 감정이 통한 처녀와 정을 통하였는데 호랑이였다. 이 호랑이는 자신을 희생하여 김현을 벼슬길에 오르게 하고 자기는 죽게 되었는데 김현이 호랑이를 위하여 호원사를 지어 주고 『법망경』을 강설하여 저승길을 인도하여 은혜에 보답하였다고 한다. 반면에 신도징은 벼슬길에 나아가 임지로 가다가 처녀와 결혼을 하여 자식들을 두었으나 부인이 호랑이로 변하여 으르렁거리며 할퀴고 문을 박차고 나가 버렸다. 일연은 위의 두 가지 이야기를 비교하며 김현 공은 탑을 도는 데 정성을 다하였기에 감응하여 음덕을 갚으려 하여 복을 받은 것이 당연하다고 논하였다. 이는 불법을 믿고 선행을 쌓으면 짐승들도 감응한다는 메시지를 담고 있는 것이다.

'융천사 혜성가 진평왕 대' 조는 세 화랑이 금강산(楓嶽)에 놀러 가려 하였는데 별에 변괴가 생겨 그만두려 하자 융천사融天師가 향가를 불러서 변괴가 사라지게 되었다는 이야기이다. 진평왕 대에 제5 거열랑居烈郎, 제6 실처랑實處郎, 제7 보동랑寶同郎 등, 세 화랑의 무리들이 금강산에 유오산수遊娛山水하려 할 때 혜성彗星이 심대성心大星을 범하였으므로 낭도들은 이를 괴이하게 여겨 가는 것을 그만두려 하였다. 이때 지도법사인 융천사가 「혜성가彗星歌」를 지어 불렀더니 별의 괴변이 곧 사라지고, 일본의 군대가 제 나라로 돌아가 전화위복이 되어 대왕이 낭도들을 금강산에 보내 놀게 하였다는 것이다.

옛날 동쪽 바닷가 건달바가 놀던 성을 바라보고
왜구도 왔다 봉화 사른 변방의 숲 있어라.
세 화랑 산 구경하신다는 소식을 듣고, 달도 밝게 불 켜는 터에,
길 쓸 별 바라보고 혜성이라 아뢴 사람 있다.
(後句) 달 아래 떠 가고 있더라.
어와 무슨 혜성 기운이 있을가.

—「혜성가」

여기서 화랑들이 명산대천을 찾아다니며 심신을 수련하였다는 것을 알 수가 있다. 따라서 김대문은 『화랑세기花郎世記』에서 어진 충신들이 이에서 빼어났으며, 용감한 장졸들이 여기에서 비롯되었다고 하였다고 한다. 지식을 습득하는 것만이 아니라 모여서 함께 체험 학습을 하며(相磨以道義), 가악歌樂을 통해 풍류를 즐기며(相悅以歌樂), 자연을 벗 삼아 여행(遊娛山水)을 통해 자연

친화적 학습을 하였다는 것을 알 수 있다. 더구나 여기에서 향가를 불러 왜구를 물러나게 하였다는 것은 호국적인 성격이 있다는 것을 알 수 있다.

'정수사 구빙녀' 조는 정수스님이 겨울날 황룡사로 돌아오다가 한 거지 여인이 아이를 낳고 추위에 얼어서 죽게 되자 자신의 옷을 벗어 주고 맨몸으로 돌아왔는데 애장왕이 이를 듣고 대궐로 맞아들여 국사로 책봉하였다는 이야기이다. 불경 공부도 중요하고, 참선을 하는 것도 중요하지만 불쌍한 사람을 위하여 자신을 희생하는 실천이 더 중요하다는 메시지를 전하고 있다.

위에서 보았듯이 「감통」편은 불교와 토착 신앙과의 관계를 보여 주고, 일반 백성들이 서방정토 극락세계로 왕생하는 것을 기술하고, 하늘에 변괴가 생겼을 때 스님들이 향가를 지어 변괴를 사라지게 하고 국가의 위기 시에 이를 극복하는 등 호국적인 신이한 이야기들로 구성되어 있다.

3) 「피은」편

「피은」편은 속세를 떠나 은일하고 있는 인물에 대한 이야기로 '낭지 승운 보현수朗智乘雲 普賢樹', '연회 도명 문수점緣會逃名 文殊岾', '혜현 구정惠現 求靜', '신충 괘관信忠 掛冠', '포산 2성包山 二聖', '영재 우적永才 遇賊', '물계자勿稽子', '영여사迎如師', '포천산 5비구 경덕왕 대布川山 五比丘 景德王 代', '염불사念佛師' 등 10개의 조목으로 구성되어 있다.

'낭지 승운 보현수' 조는 낭지스님이 구름을 타고 중국의 청량산을 오가며 해동에 영축산이 있다는 것을 알리고, 낭지스님을 찾아갔던 사미 지통이 보현보살로부터 계를 받았다는 이야기이다. 영축산의 낭지스님은 『법화경』을 읽었으므로 신통력이 있었는데 까마귀의 이야기를 듣고 지통스님이 낭지스님의 제자가 되고자 스님을 찾아가다가 보현보살을 만나 계품을 받았다고 한다. 그 후에 지통스님이 의상법사의 처소에 가서 오묘한 것을 깨닫고 교화에 이바지하여 『추동기錐洞記』를 저술하였다고 한다. 지통스님과 원효성사가 모두 큰 성인이었는데 두 성인이 그를 공경하여 스승으로 삼았으니 낭지스님의 고매함을 알 수 있다고 하였다. 낭지스님이 구름을 타고 중국 청량산에 가서 대중을 따라 강의를 듣고 돌아왔으므로 해동에 영축산이 있다는 것을 알게 되었다는 것이다.

'연회 도명 문수점' 조는 영축산에서 숨어 살면서 『법화경』을 읽고 보현행을 닦았던 고승 연회緣會가, 원성왕이 그를 불러 국사로 삼으려 한다는 소식을 듣고 피하려 하다가 문수보살과 변재천녀辯才天女를 만나고 나서 마땅히 받아야 할 업業으로 알고 조서에 응하여 대궐로 가서 국사에 봉해졌다는 이야기이다. 명예를 피하고 은둔하고자 한 연회였지만 문수보살과 변재천녀를 친견하고서는 자기의 업이라는 것을 받아들였다는 것으로 아마 일연도 마지못해 국사를 받아들였던 자기의 입장을 비유적으로 표현하기 위해 수록한 것 같다.

'혜현 구정' 조는 승려 혜현은 백제인으로 산속에 고요히 앉아 숨어서 생을 마쳤는데 그의 혀가 돌과 같이 단단해져 석탑에 간직하였다고 하는 이야기이다. 혜현은 중국에 유학하지 않고 조용히 물러나 인생을 마쳤으나 중국에까지 알려져 전기가 쓰여지고 당나라에서도 명성이 드러났다고 한다. 이 이야기에는 원나라에 가지 않고, 고려에서만 불도에 정진하던 일연의 입장이 은연중 드러나고 있다.

'신충 괘관' 조는 효성왕이 왕위에 오르기 전에 신충과 바둑을 두다가 왕이 되더라도 신충을 잊지 않겠다고 잣나무를 보며 약속을 하였으나, 왕위에 올라 신충을 잊어버리자 신충이 「원가怨歌」를 지어 잣나무에 붙였더니 잣나무가 누렇게 시들어버려서 왕이 신충을 불러 벼슬을 주니 잣나무가 살아났다는 이야기이다.

질 좋은 잣나무는
가을에 아니 그릇 떨어지되
너 어찌 잊으랴 말씀하신
우러르던 낯은 변하셨도다.
달그림자 진 옛 못엔
흐르는 물결에 모래인 양
모습이사 바라나
세상 모두 잃은 처지여라.
—「원가」

이어서 신충이 두 친구와 서로 약속하여 벼슬을 그만두고 지리산으로 들어가 승려가 되어 왕을 위하여 단속사를 세우고 종신토록 속세를 떠나 대왕의 복을 빌었다고 한다.

'포산 2성' 조는 신라시대 도성과 관기라는 두 성사가 포산(비슬산)에서 수행을 하다가 하늘로 올라간 이야기와 고려시대 성범스님이 '만일미타도량萬日彌陀道場'을 열어 50여 년을 부지런히 노력하여 신이한 상서로움이 있었으며 현풍 지역의 남자 신도들이 결사結社를 하였다는 이야기이다. 그 외에 반사, 첩사, 도의, 자양, 금물녀, 백우사 등 포함하여 아홉 성인의 행적이 기록되어 있는데 이는 일연이 포산의 암자에서 수행하였을 때 들었던 것을 기록으로 남겼다고 하였다.

지금도 현풍에서 비슬산 도통암에 올라가 보면 그 윗쪽에 도통바위가 자리 잡고 있다.

'영재 우적' 조는 영재스님이 남악에 은거하려고 가다가 도적들을 만나 향가를 불러서 도적들을 감동시켜 영재스님의 제자가 되어 함께 지리산에 숨어 세상을 등졌다는 이야기이다. 원성대왕 대(785-798)에 영재스님이 향가를 잘 지었다. 만년에 남악(지리산)에 은거하려고 대현령에 이르렀을 때 도적 60여 명을 만나 「우적가遇賊歌」를 노래하자 그 노래에 감동하여 비단을 주었더니, 사양하며 땅바닥에 던지는 것을 보고 더욱 감동하여 모두 그의 제자가 되어 지리산에 숨어 세상에 다시 나오지 않았다고 한다.

제 마음의 모습 모르던 날

멀리 □□□ 지나서야 알고,

이제는 숲에 가고 있노라.

다만 그릇된 파계주破戒主의 두려운 모습에 다시 전부 돌아가랴.

이 무기를 허물할 날 샐 터이오니,

아아, 오직 이 내 몸의 한恨은 선善이 아니 바라는 집으로

모아짐이니이다.

—「우적가」

'물계자' 조는 신라 나해왕 시기(196-230)에 물계자가 포상팔국蒲上八國과의 전쟁에서 두 차례 전공을 세웠으나 포상받지 못한 데 대해 충과 효를 잃었다고 한탄하고 사체산에 들어가 숨어 살면서 세상에 나타나지 않았다는 이야기이다. 충과 효를 강조하여 유교적 가치를 이야기하고 있지만, 세상을 등진 것을 보면 무위자연의 도교적 삶에 방점이 두어져 있다.

'영여사' 조는 실제사의 승려 영여迎如가 경덕왕 대(742-765)에

대궐에 들어가 재를 지내고 사라지자 왕이 이상히 여겨 국사로 책봉하였으나 다시 세상에 나타나지 않았다는 이야기이다. 일연이 국존이 되었으나 인각사에 칩거하고 있는 자신의 처지를 은유적으로 표현하고 있는 것 같다.

'포천산 5비구 경덕왕 대' 조는 경덕왕 대에 삽량주 포천산 석굴에 다섯 비구가 아미타불을 염송하고 서방정토를 구하기 수십 년 만에 연화대에 앉아 공중에 올라가다가 통도사 문밖에 이르러 인생의 무상과 공허함을 설명하고 서쪽으로 떠나 버렸다는 이야기이다.

'염불사' 조는 피리사라는 절의 승려가 아미타불을 염송하여 서라벌의 360방 17만 호 어느 곳에나 들릴 정도여서 염불사라고 고쳤다는 이야기이다. 앞의 조목과 마찬가지로 아미타불을 염송하는 염불 신앙에 대해 언급하고 있는 것이다. 여기서 서라벌의 규모가 360방으로 되어 있어서 「기이」편 '진한' 조의 1,360방의 기록과 차이를 보이고 있다. 종래 360방이 타당하다고 보았으나 최근에 경주 외곽에서 도시 유적이 발굴되어 1,360방이라는 견해도 나오고 있다.

「피은」편은 보현보살이나 아미타불이 나타나 서방정토 극락세계로 인도하거나 신충이나 물계자와 같이 신하들이 세상을 등지거나 영재와 같이 도적들을 데리고 세상을 등지는 등 세속을 떠나 은일한 이야기를 모아 놓은 것이다. 불교와 관련이 있으면서도 충효 사상과 같은 유교적인 가치도 중시하고 또한 도교적인 은둔하는 삶을 실천하는 유·불·선의 융합적인 모습을 보이고 있다.

4) 「효선」편

「효선」편은 효도하고 선행을 한 인물들에 대한 이야기로서 '진정사 효선쌍미眞定師 孝善雙美', '대성 효이세부모 신문왕 대大城孝二世父母 神文王 代', '향득사지 할고공친 경덕왕 대向得舍知 割股供親 景德王 代', '손순 매아 흥덕왕 대孫順 埋兒 興德王 代', '빈녀 양모貧女 養母' 등 5개의 조목으로 구성되어 있다.

'진정사 효선쌍미' 조는 진정법사가 홀어미를 봉양하느라 불도를 닦는 것을 미루고 있는 것을 보고 어머니가 불법을 먼저 닦도록 재촉하여 의상법사의 문하에 들어가 제자가 된 지 3년 만에 어머니가 돌아가시자 진정법사가 선정에 들어가 기도를 하여 어머니가 하늘에 환생하였다고 하는 이야기이다. 효도를 먼저 하고 나서 불도를 닦으려는 진정법사와 불법을 먼저 닦아야 한다는 어머니와의 의견 대립에서 어머니의 의견에 따라 불제자가 된 진정법사가 불도도 닦고, 결국 효도도 하여 효도와 선행을 함께 이루었다는 것이다. 이 내용은 사실 국존이면서 어머니의 봉양을 위해 인각사를 하산소下山所로 하여 주석하였던 일연의 입장을 잘 보여 주고 있다. 뿐만 아니라 고려 후기 불교가 세속화되어 가고 유교의 입장에서 효도를 등한시하던 불교계에 대한 비판을 의식하여 이 편목을 구성한 것이라고 할 수 있다.

'대성 효이세부모 신문왕 대' 조는 가난한 집에 태어난 김대성이 시주를 잘하여 재상가의 아들로 다시 태어나 현생의 부모를 위하여 불국사를 세우고, 전생의 부모를 위하여 석불사를 세웠다는 이야기이다. 김대성은 장성하여 사냥을 하다가 곰을 잡았는데 곰이 꿈에 나타나 절을 지어 달라고 하여 곰을 위하여 장수사를 지었다고 한다. 이로 인하여 마음에 감동하는 바가 있어 자비로운 서원이 두터워져 경덕왕 10년(751)에 불국사를 세우기 시작하였으나 이루지 못하고 죽자, 혜공왕 9년(774)에 국가가 이를 완성하였다고 한다. 불국사와 석불사는 김대성

경주 불국사 청운교와 백운교

경주 석굴암(경주시 웹사이트에서 전재)

이 전생과 현생의 부모를 위하여 세우기 시작하였으나 국가에서 그의 효심에 감동하여 국가 사업으로 완성하였다는 것이다.

'향득사지 할고공친 경덕왕 대' 조는 웅천주에 사는 사지 향득이라는 사람이 흉년이 들어 그의 아버지가 굶어 죽게 되자 자신의 다리 살을 베어 봉양하여 경덕왕이 이를 듣고 곡식을 하사하였다는 이야기이다. 자신을 희생하며 부모에 대한 효도를 실행한 이에게 국가가 그 선행을 포상하였다는 것이다.

'손순 매아 홍덕왕 대' 조는 손순이 늙은 어머니를 위해 아이를 산에 묻으려 하다가 석종을 얻어 집으로 돌아와 종을 들보에 달아 놓고 두드리자, 홍덕왕(826-836)이 그 소리를 듣고 조사하도록 하여 그 진상을 파악해 집 한 채를 내리고, 곡식을 내려주어 효성을 숭앙하게 하였다는 이야기이다. 이에 손순은 옛 집을 희사하여 절을 삼아 홍효사라 부르고 석종을 안치하였다고 한다. 왕은 효성을 현창하기 위해 집과 곡식을 내렸으며, 손순은 집을 절로 삼아 효성과 선행을 모두 하게 되었다는 것을 보여 주는 것이다. 손순의 효행에 대한 이야기는 『삼국사기』에도 기록이 되어 있으나 집을 희사하여 절을 세웠다는 이야기는 빠져 있다. 손순의 효행을 기리기 위해 만든 사당인 문효사가 경주시 현곡면에 세워져 있으며, 여기에 유허비가 남아 있다.

'빈녀 양모' 조는 진성여왕 대(887-897)에 효종랑이 낭도를 통하여 가난한 여인이 품을 팔아 어머니의 봉양을 한다는 소식을 듣고 그와 문도들이 곡식을 거두어 주자, 왕이 이를 듣고 곡식과 집 한 채까지 내려 주고 군사를 보내어 집을 지켜 주어 도둑을 막게 하였다는 이야기이다. 자영농이었던 여인이 경제적 파탄으로 어머니의 봉양을 위하여 남의 집 종살이를 하게 되어 음식은 잘 먹게 되었지만 정신적으로는 부담이 되었다는 것을 보여 주고 있다. 뒤에 그 집을 내놓아 절을 삼고 양존사兩尊寺라고 하였으니 유교적 효행과 불교적 선행을 동시에 하였다는 것이다. 왕이 곡식과 집을 내려 주고 또한 군사들을 보내 지키도록 한 것을 보면 이 당시 신라의 경제적 사정이 얼마나 어렵고 사회가 혼란스러웠는지 짐작이 간다.

「효선」편은 부모에 대한 효행과 불교적인 선행이 선택적인 것이 아니라 함께 이룰 수 있다는 것을 보여 주고 있다. 이는 일연의 개인적인 입장을 대변하고자 하는 것이기도 하고, 당시에 불교계에 대한 유교계의 비판에 대한 대응 논리라고도 할 수 있다. 여기서 불국사와 석불사를 완성하고, 향득과 손순 및 빈녀에게 곡식과 집을 내려 준 주체가 왕과 국가라는 것을 주목해야 하며, 이는 일연이 왕과 국가를 매우 중요하게 인식하고 있다는 것을 보여 주고 있다.

4장

『삼국유사』의 역사적 성격

이상에서 살펴본 바와 같이 「왕력」편은 제왕의 연대기이며, 「기이」편은 건국신화와 같은 역사적인 신이사神異事와 일반 역사를 적은 것이고, 「흥법」편 이하의 일곱 편은 불교에 관한 내용으로 불교문화사를 중심으로 서술하고 있다. 따라서 『삼국유사』는 신이사관에 입각한 역사서이면서 불교문화사라는 양면적 성격을 가지고 있다.

『삼국사기』와 『삼국유사』는 체제에 있어서 많은 차이를 보이고 있으며, 같은 성격을 가진 조목의 내용 면에서도 여러 가지 차이점을 보이고 있다. 『삼국사기』 「본기」에 해당하는 것이 『삼국유사』의 「기이」편이고, 『삼국사기』 「연표」에 해당하는 것이

『삼국유사』의 「왕력」편이라 할 수 있다. 『삼국사기』의 「열전」에 해당하는 것이 『삼국유사』의 「흥법」편, 「의해」편, 「피은」편, 「신주」편, 「감통」편, 「효선」편이라고 할 수 있으므로 서로 비교를 해 보면 두 사서史書의 성격이 드러나게 될 것이다.

『삼국사기』의 「본기」에서는 각 왕대에 있었던 일들을 순차적으로 나라별로 빠짐없이 기록한 반면에 『삼국유사』 「기이」에는 고구려와 백제의 경우 건국자만 기록되었다. 또한 신라의 왕들의 경우에도 빠진 왕들이 제법 많이 있으며, 왕들 외에 장군이나 화랑 등의 활약상이 서술되어 있다. 예를 들어 김유신 장군의 경우 『삼국사기』 「열전」에 입전되어 있으나, 『삼국유사』에는 「기이」편에 기록되어 있다. 『삼국사기』와 『삼국유사』는 삼국의 왕대력 관련 기존 자료를 공유하였으나, 기존의 관련 자료 자체가 단일하지 않았기 때문에 취사선택 과정에서 차이가 있다. 예를 들어 신라 고유한 왕호나 고구려와 백제의 왕명 표기 방식이 차이가 있는 것이다.

『삼국사기』 「열전」의 '박제상'전은 열전의 요소들이 각기 사실을 지향하면서 박제상의 일생을 나타내고 있다. 그런데 각 요소들을 연결하여 의미를 정리해 보면 당대 사회 현실의 보편성에 어긋나는 점이 있다. 반면에 박제상의 활약과 희생은 집중적인 서술로, 과업을 해결하는 과정은 논리적이고 객관적으로 나타나고 있다. 한편 『삼국유사』의 경우 「기이」편의 '나물왕 김제상' 조는 김제상의 행적을 하나의 사건으로 다루고, 『삼국사기』에 기재된 출신과 사회적 위치와는 무관한 인물로 나타내었다. 인물의 활약상을 사실적으로 재현하여 긴박감과 서사적 재미를 느끼게 하고, 서술의 완급 조절을 통해 인물의 숭고한 모습을 부각시키고 있다. 한편 치술부인의 행적을 추가하여 한 편의 이야기로서 서사적 완결을 이루고 있다.

『삼국사기』 '견훤'전의 전체 분량은 『삼국유사』 '후백제 견훤' 조의 그것보다 많으나, 내용에 있어서는 『삼국유사』의 '후백제 견훤' 조가 오히려 다양하다. 『삼국사기』에서 '견훤'전의 체제는 견훤의 출생으로부터 사망까지의 과정을 연대순으로 기술한 편년체 형식을 취하고 있다. 한편 '후백제 견훤' 조는 다양한 자료를 자유로이 서술하였기 때문에 구체적인 내용과 연대의 기재에 있어서 일관성이 없다. '견훤'전과 '후백제 견훤' 조의 내용은 4분의 3 정도가 공통된 내용이고, 나머지 4분의 1은 다르다. '견훤'전은 주로 후백제와 고려 및 중국과의 외교 관계와 고려군과의 전투 기록이 많은 데 비하여, '후백제 견훤' 조는 견훤 자신과 관련된 기록이 자세하게 서술되어 있다.

『삼국사기』「열전」에 입전되어 있는 인물은 장군, 재상, 화랑, 유학자 등 지배층이 대부분인 데 비하여 『삼국유사』에서는 지배층이나 승려뿐만 아니라 일반 서민에 대한 항목도 많다. 또한 여성에 대한 항목뿐만 아니라 심지어 여종에 대한 항목을 두어 서술하고 있는 것이 특징이라 하겠다. 분황사의 천수관음은 이름 없는 아이의 소원을 들어주고, 민장사 관음보살은 만리 밖에 표류해 간 그 아들을 데려다 준다. 황룡사의 승려 정수는 눈 깊은 겨울밤의 길가에서 옷을 벗어 아이를 구해 주고는 하늘의 지시에 따라 국사가 된다. 한편 이량 공의 가녀였던 지통이나 아간 귀진 집의 여종이었던 욱면은 그 주인인 귀족보다도 먼저 성불의 길에 오른다. 더구나 「효선」편에서는 모두 빈곤무의탁의 신분으로서 그 효행과 선행에 따라 응보를 받는다는 서민의 생활에 대한 이야기를 기록하였다. 더구나 남녀노소를 모두 망라하고 있으며 각 개인의 모습을 서술하는 데 중점을 두었다는 데 있어서 매우 인간적이라 할 수 있다. 이처럼 일연은 『삼국유사』에서 서민에 대한 관심을 가지고 서민들의 신앙과 생활에 대한 기록을 남기고 있다는 점에서 그 역사적 의미가 크다. 이는 일연이 몽골의 침입으로 인한 민족의 위기에서 나라를 구하기 위해서는 왕을 비롯한 지배층뿐만 아니라 일반 백성을 비롯한 피지배층이 함께 힘을 모아 민족적 위기를 극복해야 한다는 의지를 보이고 있는 것이다.

『삼국유사』에서 다루는 시간적 범위는 매우 유구하며, 공간적 범위는 한반도와 만주 지역뿐만 아니라 해양에까지 이르며, 다루는 주제가 역사, 신화, 불교, 문학, 고고학, 미술사, 민속 등 다양하며, 그러한 여러 장르가 서로 어우러져 융·복합적으로 구성되어 있는 것이 특징이다.

1. 역사의 유구성

『삼국사기』는 책 제목대로 신라와 고구려 및 백제 삼국에 대한 역사를 왕들의 치적과 지배층들의 행적, 그리고 제도 등을 다룬 정치사적 사서라고 할 수 있다. 반면에 『삼국유사』는 「왕력」편에서는 신라, 고구려, 백제뿐만 아니라 가야를 언급하고 있으나 「기이」편에서는 고조선부터 위만조선, 삼한, 북부여, 동부여, 사군, 2부 등도 다루고 발해와 고려시대까지 다루어, 취급한 시간적 범위가 매우 광범위하다. 『삼국사기』가 신라의 건국부터 신라의 멸망까지 1,000년 정도의 시간적 범위를 다루고 있다고 한다면 『삼국유사』는 3,000년이 넘는 시간적 스케일을 가지고 있는 것이다. '고조선' 조에서 고조선의 건국이 요임금 시기와 같다고 하였으므로 기원전 2333년에서 시작하여, '전후소장 사리' 조에서 1284년 국청사 금탑을 수리하였다는 사실까지 기록하고 있으므로 시간적으로 약 3,600여 년의 사실들을 기록하고 있는 것이다.

『삼국사기』가 고구려와 백제 및 신라의 삼국시대사라고 한다면 『삼국유사』는 고조선부터 고려에 이르는 정치, 경제, 사회, 문화, 종교에 대한 한국 고대의 자료집이라고 할 수 있다. 따라서 한국사의 체계를 잡기 위해서는 『삼국유사』를 통하여 종합적으로 인식하고 해석을 하여야 가능하게 되는 것이다. 특히 '고조선' 조는 우리의 역사가 중국의 역사와 같은 시기에 시작되었다는 한국사의 유구성과 독자성을 담보하고 있는 것이다.

한편 일본이 '임나일본부'설을 주장할 때 우리는 『삼국유사』 '가락국기' 조를 통하여 그들이 역사를 왜곡하고 있는 것을 조목조목 반박하고, 가야사를 체계적으로 인식하고 서술할 수 있는 것이다. 그리고 중국이 '동북공정'을 통하여 고구려사를 비롯하여 고조선과 부여사 및 발해사를 중국사라고 왜곡할 때 역시 『삼국유사』의 '고조선' 조와 '북부여' 조 및 '동부여' 조, 그리고 '말갈 발해' 조가 있어서 그들의 주장이 터무니가 없다는 것을 증명할 수 있는 것이다. 2003년 중국의 역사왜곡에 대응하여 위원회를 조직 구성하고, '중국의 고구려사왜곡 대책위원장'을 맡아서 세미나를 열고 국제학술대회를 하면서 『삼국유사』의 사서史書로서의 의의를 절감하였던 기억이 난다.

2. 영역의 광범위성

『삼국유사』는 고조선과 북부여, 동부여, 고구려 및 발해 등을 한국사의 체계 안에서 다루고 있어서 공간적으로 한반도와 만주 지역뿐만 아니라 요하 지역과 연해주 지역까지 다루어 광범위한 영역을 상정하고 있다. 또한 대륙뿐만 아니라 바다에 대한 관심이 많다. '가락국기' 조와 '문호왕 법민' 조를 보면 공간적 스케일이 동해와 서해 및 남해뿐만 아니라, 남중국해 및 인도양까지 이르고 있는 것을 볼 수 있다. 『삼국유사』를 보면 『삼국사기』에 보이지 않는 우리 민족 구성원의 해양과 관련된 기록들이 많이 남아 있다. '가락국기' 조에는 가야 김수로왕의 부인인 허황후가 인도의 아유타국에서 건너왔다는 사실을 전하고 있다. '문호왕 법민' 조는 삼국을 통일한 문무왕이 동해 입구에 수중릉을 만들어 일본을 경계하도록 했다는 사실을 전해 해양 지향성을 잘 보여 주고 있다.

또한 『삼국유사』를 통해 연오랑과 세오녀가 일본에 가서 일본의 왕과 왕비가 되었다는 사실과 장보고가 한·중·일 삼각무역의 중심이 되어 서해 바다를 장악한 큰 해상 세력이었다는 것도 알 수 있다. 왕건이 삼한을 다시 통일할 수 있었던 것도 해상 세력으로서 군사력과 경제력을 바탕으로 하여 영산강 지역의 해상 세력과 연결하여 견훤의 후백제를 아우를 수 있었기 때문이다. 고려시대에는 벽란도에 아라비아 상인이 드나들었으며, 이들을 통하여 서양에 고려의 존재가 알려져 'Coree'라고 불리다가 지금은 'Korea'라고 불려지고 있는 것이다. 일연이 해양에 대한 관심이 많았던 것은 몽골의 침입을 받아 강화도로 천도하고, 바다에 약한 몽골군을 효과적으로 막아 내었던 데에

경주 대왕암(전 문무왕릉)

기인한 것 같다.

또한 『삼국유사』에는 각 지역적 명칭이 전국에 걸쳐 나타나고 있다. 일연이 태어나고 주로 활동하였던 경상북도뿐만 아니라 처음에 사미계를 받은 전남의 광주(무량사), 구족계를 받은 강원도 양양(진전사), 정안의 초청으로 주석한 경남 남해(정림사), 왕의 명으로 머무른 강화도(선월사)와 개경(광명사) 등이 언급되고 있다. 또한 연오랑과 세오녀와 김제상이 갔었던 일본, 태종 춘추 공이 드나들던 당나라, 요동성 육왕탑이 있었던 요동 지방, 허황옥의 고향 인도의 아요디아 지방, 유학승들이 오고 간 당나라와 천축국 등 한반도와 만주 지역뿐만 아니라 중국과 일본 및 인도까지 그 언급한 공간이 매우 광범위하다.

그리고 전국의 산천에 대한 애착이 많아서 환웅이 하늘에서 내려온 태백산부터 마한의 금마산, 6촌장이 하늘에서 내려온 경주의 남산과 금강산, 탈해가 올랐던 토함산, 김수로가 하늘에서 내려온 귀지봉, 노힐부득과 달달박박이 성불한 백월산, 관음보살이 현신한 낙산, 5만 진신이 나타난 오대산, 진표가 머물렀던 풍악(금강산), 심지가 유업을 계승한 동화수(팔공산), 성모가 불사를 도운 선도산, 도성과 관기가 성불한 포산(비슬산), 영재가 도적을 만난 남악(지리산), 다섯 비구가 서방정토로 떠난 포천산(염수봉), 사미 낭지가 지통스님을 찾아갔으며 국사가 된 연회가 머물던 영축산 등이 나타나고 있다. 그리고 주몽이 오이 등 세 사람과 건넌 엄수, 6촌장이 모여 의논한 알천과 목욕을 시킨 동천, 원성왕이 제사를 받들어 왕위에 오른 북천, 원효와 혜공이 오어사에서 놀던 모의천, 원효가 물에 떨어져 옷을 적신 문천 등이 나타나고 있다.

한편 『삼국유사』 '가락국기' 조에 의하면 탈해가 바다를 통해 세력을 키우고 활동하던 해상 세력이었다는 것을 알 수 있으며, 그 능력을 활용하여 마침내 신라의 왕위에 올랐다는 것을 볼 수 있다. 한편 가야의 신하들이 김수로왕에게 자신들의 딸 중에서 선택하여 왕후로 삼을 것을 건의하였으나 김수로왕은 하늘이 배필을 정해 줄 것이라고 하고 신하를 보내 인도의 아유타국에서 바다를 건너온 허황옥을 맞이하여 황후로 삼았다. 이미 이때 가야는 인도와 교역을 하고 있었다는 것을 말하는 것이다. 가야는 인근 연안 지역의 해상 세력의 딸을 왕비로 맞이하지 않고, 머나먼 인도양에서 왕비를 맞이해 올 정도로 해양 교류 국가였다는 것이 중요한 시사점이다.

신라인 연오랑과 세오녀가 일본에 가서 본왕은 아니고 소왕이라 하더라도 왕이 되었다는 것은 신라가 일본보다 훨씬 발달된 항해 기술과 조선 기술을 갖고 있었다는 것을 말해 주고 있다. 그리고 보해 왕자와 미해 왕자 모두 바다를 통해 돌아왔다고 되어 있는 것을 보면 신라가 당시에 해상로와 항해술이 상당히 발달해 있었다는 것을 알 수가 있다. 「광개토왕릉비」를 보면 고구려가 수군을 양성하여 서해의 해상권을 장악하고 있는 것을 알 수 있는데 신라는 동해의 해상권을 장악하고 있었던 것 같다. 그러나 태종 무열왕이 당나라에 여러 차례 왕래하면서 나당연합군이 백제를 멸망시키고, 고구려를 멸망시키고, 신라가 676년 당항성 전투에서 당나라에 승리함으로써 서해의 해상권을 장악하게 된 것이다.

한편 삼국을 통일한 신라의 문무왕은, 선진문화를 가진 백제인들이 많이 건너간 일본이 장차 통일신라의 큰 우환이 될 것을 염려하였다. 특히 신라의 국토가 세 배나 커진 통일신라의 지배층의 기강이 해이해질 것을 우려하여 동해 바다에 자신의 왕릉을 만들라 유명遺命하여 동해 바다를 침범하는 일본을 경계하게 하였다. 그래서 동해안 감포 앞바다에 해중릉을 조성하였는데 대왕암大王岩이 그것이다. 문무왕은 재위 18년(678) 바다의 중요성과 수군의 중요성을 인식하고 '선부船府'라는 부서를 별도로 두어 이를 관리하도록 하였을 정도로 바다에 대한 관심이 지대하였다.

헌강왕도 바다를 중요시하였다. 동해안에 가서 해상 세력을 상징하는 용왕의 아들 처용을 데리고 와서 신하로 삼았다는 것은 해상 세력과 일정한 유대 관계를 가졌다는 것을 알 수 있다. 더구나 처용은 아라비아 상인의 아들이라는 견해들이 있어서 이것이 사실이라면 통일신라 시기에 이미 남중국을 통해 아라비아 지역과 교역을 하였다고 할 수 있다.

경덕왕 4년(745)에는 우금리의 가난한 여자 보개의 아들 장춘이 바다의 장사꾼을 따라가서 오랫동안 소식이 없어 어머니가 민장사 관음보살 앞에 가서 이레 동안 정성스럽게 기도를 드리자 장춘이 갑자기 돌아왔다고 한다. 바다에서 회오리를 만나 판자 한 쪽을 타고 오나라 지역의 해변에 닿게 되었는데 어느 날 고향에서 온 듯한 승려가 그를 데리고 동행하자 바로 서라벌에 도착하였다고 한다. 이 이야기는 설화로 되어 있지만 당시에 중국 오나라(남중국)에 대해 알고 있었으며 교류를 하고 있었다는 것을 보여 주고 있다.

'귀축 제사' 조를 보면 아리나발마는 신라인으로 중국에 건너갔는데 정관 연간(627-649)에 장안을 떠나 천축에 가서 나란타사에 머물면서 불경 공부를 하고 고향에 돌아오고 싶어 했으나 이루지 못하였다고 한다. 그 뒤를 이어 혜업, 현태, 구본, 현각, 혜륜, 현유와 이름이 없어진 두 법사가 석가의 교화를 보려고 중천축국(중인도)에 갔었으나 현태를 제외하고 당나라에 돌아온 이는 없었다고 한다.

혜초스님은 당나라로 돌아와서 『왕오천축국전』을 지었는데, 이 조목에 빠져 있는 것을 보면 더 많은 승려들이 인도에 가서 불법을 배웠다는 것을 알 수 있다. 8세기 초에 혜초는 인도에 갔다 온 구법기 『왕오천축국전』을 남겼는데 20대에 신라를 떠나서 5년 만에 광저우, 말레이시아, 싱가포르, 인도를 거쳐 중앙아시아를 거쳐 돈황과 장안으로 돌아왔다. 인도로 갈 때는 해상 실크로드를 이용하였으며, 중국으로 돌아올 때는 오아시스길을 이용하였다. 이때에 이미 신라가 해상 실크로드를 이용하고 있었다는 것을 알 수 있다.

그리고 9세기가 되면 동아시아의 해상권을 신라의 장보고가

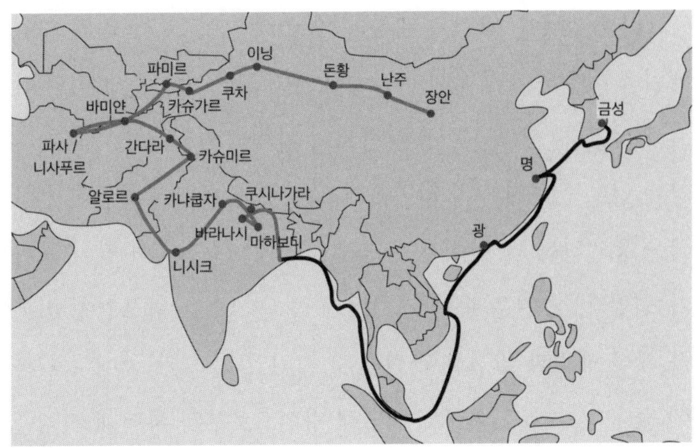

혜초의 오천축국 여정

장악하여 당나라와 신라 및 일본 삼국의 무역에 대한 교역권을 장악하였다. 일본 승려들이 당나라에 갈 때 장보고의 선박을 이용할 정도였는데 이는 일본의 승려 엔닌[圓仁]의 『입당구법순례행기』에 잘 나타나 있다. 일본사를 전공하는 미국의 라이샤워 교수는 장보고를 '해상왕'이라고 평가하였다. 최치원의 『계원필경집』을 보면 신라 말에도 산동성에 신라인들이 많이 살았으며, 신라인들이 모여 사는 마을과 절들이 있었던 것을 알 수 있다.

고려를 건국한 왕건은 개성의 해상 세력으로서 남쪽의 해상 세력을 이용하여 후백제의 깊숙히 자리 잡은 나주를 고려의 땅으로 삼았다. 선박을 이용한 통로가 마련되지 않고는 후백제의 땅에 영토를 가질 수가 없었는데 나주 오씨 세력이 왕건이 후삼국을 통일하는 데 있어서 큰 역할을 하여 그 집안의 딸이 왕비가 되었다. 왕건은 송악 지방의 호족 출신으로 혈구진을 비롯한 해상 세력과 밀접한 관련을 갖고 있었다. 그가 궁예의 휘하에 들어가 수군을 이끌고 서남해 방면으로부터 후백제 지역을 공략하여 나주 지역을 점령한 것은 해상 활동의 경험에서 비롯한 것이다. 왕건은 918년 궁예로부터 왕위를 빼앗아 고려를 건국하고 후삼국을 통일했는데, 자신이 해상 세력으로서 다른 해상 세력의 도움을 받았기 때문에 가능한 것이었다. 따라서 고려는 바다에 대해 관심이 많았으며, 『삼국유사』에도 바다와 해상 활동에 관련된 자료들이 상당히 많이 실려 있는 것이다. 또한 일연이 바다를 강조한 이유는 유라시아를 정복한 몽골이 해전에는 약해서 일본을 정복하지 못했고, 고려가 강화도로 천도하여 저항하였던 사실을 염두에 두었기 때문이라 생각한다.

3. 주제의 다양성과 내용의 융합성

『삼국유사』에 실려 있는 140개 주제의 내용은 매우 다양하다. 「기이」편은 주로 왕들을 중심으로 이야기가 전개되고 있지만 역사적인 내용뿐만 아니라 신화적인 내용, 설화적인 내용들도 실려 있다. 또한 「흥법」편에는 불교적인 내용뿐만 아니라 토착 신앙적인 내용과 민속적인 내용들이 실려 있으며, 「탑상」편에는 고고·미술사적인 내용과 문화유산 전반에 대한 내용이 실려 있다. 「의해」편에는 승려들의 불교 사상과 행적이 실려 있다. 「신주」편에는 밀교와 관련된 내용이, 「감통」편에는 불교와 토착 신앙에 대한 내용이, 「피은」편에는 불교 신앙과 도교적인 내용이, 「효선」편에는 유교적인 내용이 실려 있다. 역사, 신화, 설화, 불교, 고고·미술사, 문화유산, 토착 신앙, 민속, 도교와 유교 등, 다양한 주제들이 실려 있는 것이다.

그리고 그 등장 인물들을 보면 왕을 비롯한 지배층뿐만 아니라 일반 백성들과 노비들까지도 망라하고 있다. 『삼국사기』 「열전」을 보면 모두 86명의 인물이 입전되어 있는데, 이들은 대부분이 재상이나 장군이거나 학자와 화랑 등과 같이 지배층들이다. 평민으로 볼 수 있는 인물은 향덕과 효녀 지은 및 도미부인 등 3명에 지나지 않는다. 그러나 『삼국유사』에는 지배층뿐만 아니라 피지배층인 평민과 노비들도 주인공으로 입전되어 있다. 연오랑과 세오녀는 평민이지만 일본에 가서 왕과 왕비가 되어서 「기이」편에 실리게 된 것이다. 그러나 장춘랑과 파랑은 초급 장교로서 지위가 높지 않았음에도 「기이」편에 수록되어 있다. 처용랑은 용의 아들이지만 신라에서는 일개 신하에 지나지 않으며, 거타지는 일반 병사에 지나지 않음에도 주인공으로 등장하고 있다. 노힐부득과 달달박박, 그리고 광덕과 엄장 등은 모두 평민임에도 성불하고 있는 모습을 보여 주고 있다. 또한 남성뿐만 아니라 여성, 왕경인들뿐만 아니라 지방민, 노인으로부터 청소년 및 어린아이까지 망라하고 있다. 미시랑은 평민이지만 국선이 되었으며, 욱면은 여종이지만 주인인 귀진보다도 먼저 서방정토에 올라갔다. 이와 같이 불교의 경우 왕과 귀족뿐만 아니라 백성과 여종까지도 성불할 수 있다는 성불成佛 평등론에 입각하여 백성과 여종이 편목의 주인공으로 등장하고 있는 것이다. 이는 일연이 몽골의 간섭하에서 민중들에게 꿈과 희망의 메시지를 주는 한편, 지배층뿐만 아니라 피지배층도 모두 힘을 합쳐서 극복해야 한다는 의식을 갖고 있었기 때문이라고 할 수 있다.

한편 『삼국유사』에는 인물들뿐만 아니라 동물도 많이 등장하며, 동물이 주인공인 경우도 있다. 예컨대 환웅이 곰과 호랑이에게 마늘과 쑥을 주고 백일을 금기하라고 하였는데 곰은 이를 지켜서 인간이 되어 환인과 결혼하여 단군을 낳았다. 호랑이는 이를 어겨서 사람이 되지 못하였지만, '김현 감호' 조를 보면 호랑이가 사람으로 변하여 김현과 상관하고 그를 위하여 목숨을 바치는 희생정신을 보여 주고 있다. 말은 박혁거세의 등장을 알리는 메신저의 역할을 하고, 까치는 석탈해의 등장을 알리는 역할을 하여 탈해의 성姓씨가 되기도 한다. 한편 '사금갑' 조에서는 비처왕이 천천정에 행차하였을 때 까마귀와 쥐가 와서 울면서 사람의 말로 이르기를 "까마귀가 가는 곳을 찾아 보시오"라고 하여 기사가 이를 쫓는다. 피촌에 이르러 까마귀가 날아간 곳을 잃어버리고 길가에서 헤매고 있는데 노옹老翁이 나타나 글을 올렸다고 되어 있다. '낭지 승운 보현수' 조를 보면 까마귀가 사미 지통에게 '영축산에 가서 낭지의 제자가 되어라'라고 하는 말을 듣고 가다가 지통이 보현보살로부터 정계를 받았다는 이야기가 실려 있다. 이와 같이 까마귀는 길조로서 상서로운 일을 예견하거나 메시지를 전달하는 기능을 가지고 있는데, 까마귀는 고구려 고분벽화에서 태양을 상징하는 것으로 그려져 있다. 이와 같이 『삼국유사』는 주제가 다양하며, 등장 인물들도 다양하고, 동물들도 인간으로 나타나거나 상서로운 징조로서 다양한 모습을 보이고 있다.

그런데 그런 다양한 주제의 내용이 어느 하나만의 성격을 갖지 않고 복합적으로 서술되어 있는 것이 특징이라고 하겠다. 예컨대 『삼국유사』는 역사와 신화가 어우러져 복합적으로 전개되어 사화史話라고 표현할 수 있다. '고조선' 조의 경우 역사적 사실과 함께 신화가 기술되어 있다. 신라와 고구려 및 백제의 시조신화도 마찬가지로 역사적 사실과 신화가 서로 복합적으로 구성되어 있다. '가락국기' 조의 경우에도 가야의 역사와 신화 및 설화가 복합적으로 구성되어 있다. 「흥법」편의 경우, 이차돈 '순교설화'는 불교의 전래와 수용 및 공인에 대한 역사적인 이야기이면서 이차돈의 순교설화를 함께 구성하였으며, 또한 천경림 등 전불시대의 7군데 토착 신앙의 성소를 다루는 등 융합적으로 구성되어 있는 것이다.

불교가 전래되고 수용되면서 기존의 토착 신앙을 믿던 세력과 갈등하는 모습을 보였지만 '선도성모 수희불사' 조를 보면 불·보살과 함께 천신과 산신을 모셨다는 선·불 융합의 모습을 보여 주고 있다. 「피은」편에서는 불교와 유교 및 도교가 융·복합적으로 구성되어 있으며, 「효선」편에서는 불교와 유교가 융·복합적으로 구성되어 있다.

이차돈 순교비(국립경주박물관 소장)

『삼국유사』는 140개의 조목에 대해 산문으로 구성되어 있지만, 14수의 향가와 48수의 찬시讚詩는 운문으로 구성되어 운문과 산문이 함께 기록되어 있다. 산문으로 역사와 신화 및 설화에 대해 전해져 내려오는 자료를 기록하면서, 필요한 경우 운문으로 된 향가를 곁들여 운치 있게 표현하였다. 또한 불교와 관련된 자료들을 산문으로 서술하면서 찬자의 견해는 찬시라는 운문의 형태로 품격 있게 표현하였다. 「탑상」편에서는 불상과 불탑 등 유형문화유산을 언급하고 있는데 향가와 찬시는 무형문화유산이므로 『삼국유사』는 유형과 무형의 문화유산을 융합적으로 기록해 놓고 있는 것이다. 또한 불교와 관련된 내용에서 '불연국토설'을 강조하여 불교를 중시하는 한편 국가주의적인 성격을 보여 승·속의 세계가 복합적으로 나타나고 있다.

고조선의 단군과 신라의 6촌장들은 하늘에서 내려온 천강신화이지만 고구려의 주몽과 신라의 박혁거세와 김알지, 그리고 가야의 김수로는 하늘에서 내려왔으면서도 알에서 태어나 천강신화와 난생신화가 융·복합적으로 나타나고 있다. 한편 박혁거세 신화, 석탈해 신화, 김알지 신화는 각기 시대적 특징을 보여 주고 있다. 박혁거세 신화는 농경 생활, 석탈해 신화는 해상 활동, 김알지 신화는 발달한 제철 기술을 반영하고 있으며 각 신화는 시기적 발전 과정을 보여 주고 있다. 이러한 여러 계통의 신화가 나타난 것은 고구려나 백제에는 볼 수 없는 것으로 신라의 특징이다. 이러한 여러 계통의 신화가 남아 있는 것은 신라 문화의 다양성과 융·복합성을 보여 주고 있다. 우리는 『삼국유사』를 통해 신라 문화가 일찍부터 문화융화Acculturation 현상을 특징으로 하였다는 것을 알 수 있다.

앞서, 『삼국유사』는 신이사관에 의해 찬술되었다는 견해와 불교사와 불교문화사가 중심이라는 견해가 있으나 이 두 가지 성격을 모두 갖고 있다는 것이 특징이라고 보았다. 특히 고조선을 비롯한 여러 나라의 시조신화를 살펴보면서 일연이 신화에서 천강신화와 난생신화의 융화 현상에 주목하였다는 것을 알 수 있었다. 또한 일연은 토착 신앙과 불교가 융화하는 면에도 주목하였다. 따라서 일연은 우리 고대 문화의 특징을 문화융화 현상으로 보았으며, 불교 승려이면서도 유교를 비롯한 제자백가에도 통달하였기 때문에 융·복합적인 사상을 견지하였다고 볼 수 있다. 선종 승려이면서도 선종에 대한 자료보다 교종에 대한 자료를 더 많이 남겼다는 것이 그 증거라고 할 수 있다.

4. 호국적 성격

일연은 국존으로서 몽골의 침략에 대한 비판적 입장을 가지고 있었기 때문에 종교인이면서도 호국적인 성격을 동시에 가지고 있었다고 할 수 있다. 그래서 일연은 『삼국유사』에서 유·

불·선이 융화된 풍류도를 익힌 화랑이 국가를 위해 헌신하는 모습, 불교 신자인 세속인이 지켜야 할 「세속오계」 등에 관심을 가지고 융·복합적인 자료들을 민족의 문화유산의 전통으로 남겨 놓은 것이다. 원광법사는 승려이지만 '싸움에 나가서는 물러섬이 없고', '살생을 하는 데 있어서는 선택하여야 한다'라는 「세속오계」를 언급하여 호국적 성격을 나타내고 있다.

『삼국유사』에는 많은 신들이 나타나고 있는데 국가를 형성하는 데 도움을 준 신들과 국가를 보호하는 호국신들이 나타나는 것이 특징이다. 그리스와 로마의 신화를 보면 천지창조에 대한 신화와 천신에 해당하는 제우스신이 있으며, 여러 직능을 담당하는 신들이 다양하게 나타나고 있다. 그리고 중국의 신화는 천지창조와 홍수설화 등 자연 만물과 농경문화 등에 대한 신화가 대부분이다. 한편 일본의 신화는 국토창조, 천황가의 선조에 대한 신들의 출생과 투쟁, 지역 신들의 이야기, 통일국가가 성립되기까지의 이야기 등이다. 하지만 우리나라의 신화는 천신이나 용신 및 산신들이 나타나는데, 대부분이 국가를 건국하거나 국가를 보호하는 호국신으로 나타나고 있다. '고조선' 조의 경우 환인의 아들 환웅이 하늘에서 풍백風伯과 운사雲師 및 우사雨師를 데리고 내려와 곰과 호랑이에게 마늘과 쑥을 주고, 곡식 등을 관장하였다고 하였으므로 농경신화의 성격을 가지고 있다. 그러나 웅녀와 천신인 환인의 아들 환웅이 태백산에 내려와 웅녀와 결합하여 낳은 단군이 고조선을 건국하였으므로 단군은 천손으로서 천신의 도움으로 나라를 건국한 것이다. 북부여의 경우 천제가 흘승골성에 내려와 왕이라 칭하고 건국하였으며, 상제의 명령으로 동부여로 도읍을 옮기었고, 동명왕이 북부여를 계승하여 졸본주에 도읍을 정하고 졸본부여라 하였는데 이것이 고구려의 시작이라고 하였으므로 모두 천신의 도움으로 국가를 건국한 것이다. 박혁거세를 추대하기 위해 모인 6촌장들도 하늘에서 내려왔으며, 박혁거세 또한 하늘에서 내려왔으므로 천신의 도움으로 왕위에 오른 것이다. 변한의 9간들이 구지봉에 모여 「구지가」를 부르며 춤을 추니 하늘에서 붉은색의 줄이 내려오고 보자기에 알 여섯 개가 있었는데 가장 먼저 나온 수로가 가야국을 건국하였으므로 역시 천신의 도움으로 건국하였다는 것을 알 수 있다. 진평왕의 천사옥대는 천사가 천제의 명으로 전해 주어서 왕이 이를 받았으며, 하늘에 제사를 지낼 때 이를 착용하였다고 하였으니 천신이 도운 것이다. 김유신이 고구려의 첩자인 백석의 꼬임에 넘어가 고구려로 가고 있을 때 나림과 혈례 및 골화 등 호국 여삼신이 나타나 김유신을 구하기도 한다. 한편 문무왕은 죽어서 동해의 용신이 되어 일본의 침략으로부터 신라를 지키는 호국룡(용신)이 되었다. 김유신은 천신이 되었는데 용신이 된 호국룡과 함께 만파식적을 신문왕에게 내려 주며 이 피리를 불면 적병이 물러갈 것이라고 하여 호국적인 성격을 보이고 있다. 한편 진평왕 대에 비구니 지혜가 불사를 하려 하였으나 이루지 못하고 있었는데 선도산의 성모(산신)가 불사를 도와주어 불·보살과 함께 천신 및 5악 신군(산신)을 그려서 봉안하고 법회를 하였다고 한다.

앞 절에서 『삼국유사』의 성격을 살펴보면서 영역의 광범위성에 대해 논하였는데, 육지와 바다에 대한 관심은 결국 영토에 대한 관심이며, 왕을 비롯한 지배층으로부터 평민과 노비에 이르기까지 언급하였다고 하였는데, 이는 국가 구성원 전체에 대한 관심이라고 할 수 있다. 그리고 역사의 유구성에서 민족에 대한 관심에 대해 논하였는데, 이는 민족주체의식에 대한 관심으로서 이는 결국 국가에 대한 관심이라고 할 수 있다. 국가는 영토와 주권 및 국민으로 이루어지는 것으로 일연의 최대 관심사는 몽골의 간섭하에서 어떻게 하든 고려 왕조를 지켜야겠다는 국가의식을 강화하는 것이었다. 그러한 입장에서 국존의 자리를 맡았으며, 『삼국유사』를 통하여 우리 역사의 영토와 국민, 그리고 민족의식을 남기려고 한 것이다.

베트남의 경우에도 몽골의 간섭기에 베트남의 역사와 문화를 남겨 민족의식을 고취하고자 편찬한 『영남척괴열전嶺南摭怪列傳』이 있다. 『영남척괴열전』은 베트남 민족의 기원과 국가 형성에 관한 신화를 수록한 베트남 최초의 문헌으로 베트남 민중의 신앙과 세계인식, 베트남 민족의 강한 자의식, 베트남에 존재하는 풍속들, 베트남의 산천과 영웅들에 대하여 이야기한 책이다. 『삼국유사』와 『영남척괴열전』은 글쓰기의 수준과 방법, 내용이나 편차 또한 비슷하다고 하겠다. 서두에 건국의 시조에 관한 신화를 수록하고, 제왕을 앞세운 다음 승려와 평민들의 이야기를 수록한 점도 비슷하다. 아시아에서 몽골의 침략을 받고 자주적인 국가의식을 가지고 끝까지 저항한 것이 고려와 베트남이었다는 것은 우연이 아니다. 자기의 역사와 문화, 영토와 국민, 주권의식을 가지고 있었기 때문에 가능하였으며, 그러한 전통을 『삼국유사』나 『영남척괴열전』 등으로 남겨서 국가

구성원이 모두 자주적인 국가의식을 가질 수 있도록 하였던 것이다.

『삼국유사』의 찬시를 보면 48수 대부분이 불교와 관련이 있는데 신라의 불국토 관념이 나타나 있는 찬시들이 수록되어 있다.

이 세상 어느 곳 참 고향 아니랴만
향화의 인연은 이 나라가 으뜸이다.
그것은 아육왕이 착수하지 못한 것이 아니라,
월성 옛터를 찾느라고 그랬음일세.

이 찬시는 '황룡사 장6' 조 말미에 수록되어 있는 찬시인데 불교와의 인연은 신라가 으뜸이라는 것이다. 불국토 관념의 강조는 본래부터 불국토였다는 믿음을 갖게 함으로써 호국 사상과도 연결되는 것이다. 불교와 인연이 깊은 나라는 불력에 힘입어 지켜져야 하고, 진신이 머무는 불국토는 마땅히 침략자로부터 보호될 수 있기 때문이다. 『삼국유사』에는 불교의 호국 관련 기사가 많은데, 자신의 심경을 읊은 찬시에도 그러한 의중이 나타나고 있다.

귀신이 부축한 듯 서라벌을 막아 지키니,
휘황한 금색과 푸른색의 대마루는 날아갈 듯,
올라서 굽어볼 제 9한九韓만 항복하랴,
천하라도 평정할 것을 이제야 알겠네.

이 찬시는 '황룡사 탑' 조 말미에 수록되어 있는 것인데 몽골의 침략으로 불타 버린 황룡사에서 9층탑의 삼한 통일의 영험함을 되새기면서 몽골의 야만적인 행위에 대해 비판하고 다시 재건하여 과거의 영광을 되찾아 몽골의 간섭을 벗어나야 한다는 호국의식이 은연중에 나타나고 있다.

탑을 실은 붉은 돛대 깃발도 가벼운데,
신령께 빌어서 거친 바다를 헤치고 왔다.
어찌 황옥만 도와 이 언덕에 왔겠느냐,
천고에 두고 남쪽 왜의 침략을 막고자 함이다.

이 찬시는 '금관성 파사석탑' 조 말미에 수록되어 있는데 허황옥이 인도에서 올 때 가져온 파사석탑이, 허황옥이 가야에 올 때 무사히 올 수 있도록 가져온 탑이지만 이 탑은 남쪽 왜의 침략을 막는 호국적인 불탑이라는 것이다. 당시 몽골군이 고려군과 함께 여·몽연합군을 편성하여 일본을 침략하려고 하던 시기였기 때문에 불탑을 호국적 의미와 연결시키고 있는 것이다.

덤불을 헤치고 바다를 건너 연기와 먼지를 무릅쓰니,
지상사의 문이 열리며 상서로움 보배를 접하였도다.
화엄을 캐어다 고국에 심으니,
종남산과 태백산이 같은 봄이로다.

이 찬시는 '의상 전교' 조 말미에 수록되어 있는데 의상법사가 온갖 어려움을 무릅쓰고 화엄 사상을 배워 신라에 전해서 신라가 당나라와 마찬가지로 화엄 사상이 발달하여 불국토가 되었다는 것이다. 종남산은 당나라를 대표하며, 태백산은 신라를 대표하여 함께 불국토가 되었다는 것이다. 당시 동아시아에서 가장 선진적이며, 국제적인 당나라와 신라가 동등한 위상을 가진 국가라는 것을 은연중에 나타내고 있는 것이다. 『삼국유사』의 찬시 48수는 대부분 불교와 관련된 내용이지만 특히 신라가 불국토라는 불연국토설에 입각한 호국적 성격을 나타내고 있다.

5장
『삼국유사』의 문화적 가치와 의미

위에서 살펴보았듯이 『삼국유사』는 『삼국사기』와 함께 우리 고대사를 연구하는 데 있어 매우 중요한 자료로서 『삼국사기』는 유학자인 김부식에 의해, 『삼국유사』는 승려인 일연에 의해 쓰였다. 『삼국유사』는 책 이름에서 유사라고 하여서 고구려·백제·신라 등 삼국의 역사에서 빠진 부분을 모은 야사라고들 흔히 말한다. 즉 유학자 김부식이 지은 정사 『삼국사기』에서 다루지 않은 역사적 사실과 여러 가지 이야기들을 보충하여 저술한 것으로 보고 있다. 그러나 앞에서 논하였듯이 『삼국유사』는 『삼국사기』를 단지 보충하였다는 데 그치지 않고, 우리의 역사를 반만년의 유구한 역사라고 말할 수 있도록 하는 귀중한 자료이다. 책 이름은 『삼국유사』이지만 고구려·백제·신라 삼국뿐만 아니라 고조선, 북부여, 동부여, 삼한, 가야, 발해 등 우리나라의 고대 역사 모두를 망라하고 있는 것이다. 특히 '고조선' 조에서 '단군 신화'를 통해 우리의 역사가 중국의 역사와 같은 시기에 시작하였다는 것을 보여 줌으로써, 우리 역사의 독자성과 유구성을 분명히 밝히고 있다. 또한 한반도의 북쪽에 존재하였던 부여, 남쪽에 존재하였던 삼한에 대한 기록을 남겨, 삼국 시기 이전의 상고사를 체계적으로 서술하고 있는 것이다.

또한 『삼국유사』에는 『삼국사기』에서 국명만 언급한 가야와 발해에 대한 내용을 기록으로 남겨 한국사의 범주를 분명히 체계화하고 있는 것을 볼 수 있다. 따라서 최근 일본과 중국이 한국사를 왜곡하는 데 대응하여 가야사와 발해사의 정체성을 분명하게 확인시켜 준다고 하겠다. 또한 『삼국유사』는 불교와 토착 신앙에 대한 기록을 남겨, 우리의 고유한 문화를 엿볼 수 있는 귀중한 문화유산의 보고寶庫 역할을 하고 있다. 불교가 전래되기 이전의 토착 신앙과 불교가 수용되면서 대립과 갈등하는 모습과 융화되어 가는 과정을 사실적으로 보여 주고 있다.

한편 『삼국유사』에는 향가 14수와 찬시 48수가 남겨져 있어서 우리 민족의 정서를 살펴볼 수 있으며, 한국 문학의 원초적 양상을 고찰할 수 있다. 또한 많은 설화들이 남겨져 있어서 한국 고전 문학의 아카이브라고 할 수 있다. 그리고 서민들의 생활문화에 대한 모습을 남기고 있어서 민속문화의 아카이브라고도 할 수 있다.

따라서 『삼국유사』는 한국의 문화유산 아카이브로서 가치를 갖고 있어서 한국의 고대 문화사를 연구하는 데 있어서 기본 텍스트로서, 한국의 전통문화를 이해하는 데 필독서라고 할 수 있다. 그리하여 『삼국유사』는 일찍부터 작가들의 문학적 소재로서 활용이 되었으며, 영화나 드라마로 제작되어 최근에는 한국 문화콘텐츠의 원형으로서 자리매김을 하고 있다.

1. 신화적 가치와 의미

『삼국유사』는 『삼국사기』와 달리 고구려와 백제 및 신라의 삼국뿐만 아니라 그 이전의 고조선과 위만조선, 마한, 72국, 낙랑국, 남대방, 북대방, 오가야, 북부여, 동부여, 말갈 발해 등 우리나라 고대의 여러 나라에 대한 자료를 남기고 있다. 따라서 삼국시대 이전 우리나라의 역사를 분명히 말해 주고 있는 것이다. 특히 북부여와 동부여 및 발해 등 북방 지역의 고대 국가들에 대해 서술함으로써 한국 고대 국가의 영역을 광범위하게 설정하고 있다. 또한 『삼국사기』에는 단편적으로 기록되어 있는 가야에 대하여 '가락국기' 조를 남김으로써 가야의 역사를 복원할 수 있게 하였다는 데도 큰 의미가 있다. 『삼국사기』나 『삼국유사』가 모두 신라사 중심으로 되어 있기는 하지만 『삼국유사』는 『삼국사기』에 비하여 고대 여러 국가의 역사를 망라하고 있는 것이 특징이다. 신라사 중심으로 될 수밖에 없었던 것은 사서가 찬술된 고려 후기 당대의 역사인식의 문제뿐만 아니라 일연이 수집할 수 있던 자료의 한계에 기인한 것이라 할 수 있다. 즉 고려 후기에 남아 있던 자료가 이미 신라사에 대한 것이 많이 남아 있었으며, 그 밖의 나라에 대한 자료는 소략하게 남아 있었기 때문이라 생각한다.

『삼국유사』 「기이」편 1은 서문을 비롯하여 '고조선 단군왕검' 조부터 '장춘랑 파랑' 조까지 37개의 조목이 설정되어 있다. 이 중에서 가장 중요한 것은 '고조선(단군왕검)' 조로서 소위 '환웅 신화'와 '단군 신화'가 실려 있다. 이것을 통하여 우리는 우리 역

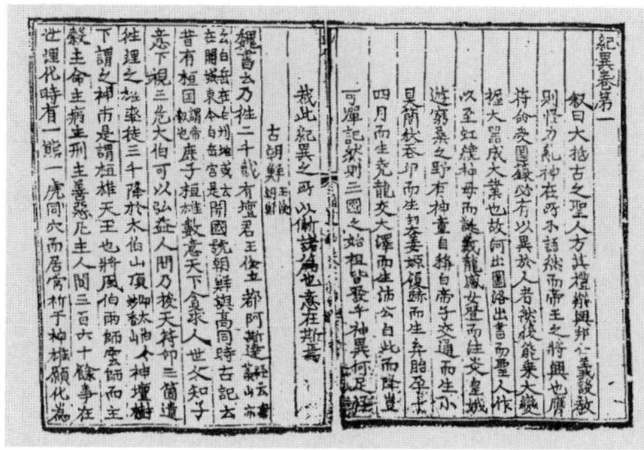
紀異卷第一
敍曰大抵古之聖人方其禮樂興邦仁義設敎
則怪力亂神在所不語然而帝王之將興也膺
符命受圖籙必有以異於人者然後能乘大變
握大器成大業也故河出圖洛出書而聖人作
以至虹繞神母而誕羲龍感女登而注炎皇娥
遊窮桑之野有神童自稱白帝子交通而生小
昊簡狄呑卵而生契姜嫄履跡而生弃胎孕十
四月而生堯龍交大澤而生沛公自此而降豈
可殫記然則三國之始祖皆發乎神異何足怪
哉此紀異之所以漸諸篇也意在斯焉

古朝鮮(王儉朝鮮)
魏書云乃往二千載有壇君王儉立都阿斯達(經云無葉山亦云白岳在白州地或云在開城東今白岳宮是)開國號朝鮮與高同時古記云
昔有桓因(謂帝釋也)庶子桓雄數意天下貪求人世父知子
意下視三危太伯可以弘益人間乃授天符印三箇遣
往理之雄率徒三千降於太伯山頂(卽太伯今妙香山)神壇樹
下謂之神市是謂桓雄天王也將風伯雨師雲師而主
穀主命主病主刑主善惡凡主人間三百六十餘事在
世理化時有一熊一虎同穴而居常祈于神雄願化爲

『삼국유사』「기이」1
(중종 임신본, 고려대학교 만송문고 소장)

사가 삼국시대부터가 아니라 고조선시대부터라고 주장할 수 있으며, 반만년의 역사를 운위할 수 있는 것이다. 신화의 내용을 요약하면 다음과 같다.

> 환인의 아들 환웅이 항상 인간 세상에 관심을 갖고 있기에, 환인은 환웅을 인간 세상에 내려보내 이를 다스리게 하였다. 이때 천부인 세 개를 주어 신표로서 삼게 하고, 풍백·우사·운사 그리고 무리 삼천을 이끌고 태백산 신단수에 내려왔는데 그곳을 신시라고 하였다. 이때 동굴에 살고 있던 곰과 호랑이가 인간이 되기를 원하므로 환웅이 마늘과 쑥을 주며 백일 동안 햇빛을 보지 말기를 당부하였다. 이에 곰은 삼칠일 만에 인간이 되었으며, 호랑

이는 이를 지키지 못해 인간이 되지 못하였다. 곰이 인간으로 변한 웅녀가 아이를 낳기를 원하여 환웅이 관계를 하여 아이를 낳으니 바로 그가 단군왕검이다.

사직단 단군 성전 내 단군 소상

환인은 일연이 제석천이라고 주석을 달고 있는 것을 볼 때 하늘을 의미한다. 따라서 환웅은 하늘의 자손을 뜻하며, 이 신화는 곧 하늘로부터 환웅이 내려온 천강신화라 할 수 있다. 환웅이 인간 세상에 뜻을 두고 있는 것을 알고, 아버지 환인이 아들인 환웅에게 무리 삼천 명을 내어 지상세계에 내려가게 하였으며, 풍백·우사·운사를 데리고 온 것도 환웅이고, 곡식·생명·형옥刑獄·선악을 주관한 것도 환웅이며, 홍익인간의 뜻을 펼치려고 한 것도 단군이 아니라 환웅이다. 또한 곰과 호랑이에게 쑥과 마늘을 준 것도 환웅이며, 웅녀와 결합하여 혼인을 하여 자식인 단군을 낳은 것도 환웅이다. 따라서 '고조선' 조의 중요한 부분을 이루고 있는 것은 환웅이다. 그러므로 우리는 이 신화를 '환웅 신화'라고 부르는 것이 합리적이라고 할 수 있다. 물론 환웅의 아들 단군이 개국을 하였으므로 건국신화의 요소도 갖고 있지만 주요한 포인트는 환웅이 단군을 낳게 하였다는 것과 농경을 시작하였다는 것이다. 그것을 기반으로 그의 아들 단군이 결과적으로 건국을 할 수 있었던 것이다. 그러나 후대에 농경신화보다 건국신화에 방점이 두어져 환웅보다 단군이 주목을 받아서 단군 신화라고 부르는 것이다.

신화는 그 자체가 모두 역사 사실일 수는 없다. 그러나 신화는 역사적인 사실이나 상황을 상징적으로 반영하고 있기 때문에 단지 허구로 보아서도 안 된다. 따라서 고고학적 자료와 민속학적 자료를 이용하여 신화를 재해석하고 그 당시의 역사적 상황을 복원하는 작업이 필요하다. 여기서 중요한 것은 우리 역사의 출발점을 단군왕검의 고조선으로 잡고, 그 시조를 중국이 아닌 천天과 연결시키고 있다는 점이다.

또한 「기이」편의 역사적 가치는, 고조선뿐만 아니라 부여, 고구려, 백제, 신라, 가야 등의 건국 시조에 대한 기록을 비교적 상세하게 남기고 있다는 점이다. 특히 신라의 신화는 박혁거세 신화, 석탈해 신화, 김알지 신화 등이 『삼국유사』에 실려 있다. 박혁거세 신화는 시조신화이면서 신라 건국신화이기도 하며, 석탈해 신화와 김알지 신화는 시조신화의 의미만 갖고 있다.

종래는 식민사학의 영향으로 신라의 신화를 단지 허황된 이야기이거나 원시적인 신앙과 관련시켜 이해하였다. 또한 천강신화와 난생신화를 통해 북방 문화와 남방 문화를 나누는 도식적인 이해를 위한 자료로 이용하기도 하였다. 또는 일률적으로 천신족과 지신족의 결합으로 이해하기도 하였다. 그러나 1970년대 이후 고고학적 발굴 성과와 인류학의 도입으로 고대사에 대한 이해가 새롭게 되면서 건국신화를 국가 형성과 관련시켜 보게 되었다. 물론 신화의 내용 모두를 긍정하고 신빙하자는 것이 아니라 역사적 반영으로서 이해하자는 것이다.

박혁거세 신화는 『삼국사기』, 『삼국유사』, 『제왕운기』 등에 실려 있는데 그 내용은 대동소이하다. 신화의 주인공은 큰 알로서 이를 흔히 난생신화로 이해하여 남방 문화의 신화로서 이해하기도 하였다. 천강신화는 북방형 신화이며 난생신화는 남방형 신화라는 것이다. 그러나 부여와 고구려의 신화에도 난생신화의 요소가 있으며, 신라와 가야의 신화도 천강신화의 요소를 갖고 있다. 우리나라의 건국신화는 천강신화와 난생신화의 요소를 모두 갖고 있는 것이 특징이다. 천강신화의 요소만 있는 것은 환웅 신화와 6촌장 설화로서 지역적인 차이가 아니라 시대적 차이가 있는 것이다. 즉 천강신화적 요소가 시기적으로 앞서고, 난생신화적 요소가 늦은 것으로 보는 것이 순리적이다.

박혁거세의 신화는 천강신화와 난생신화가 결합되어 있으며 그 신이한 등장을 말[馬]이 알려 주고 있다. 또한 혁거세의 신이함은 알영의 신이한 탄생과 신성혼이 더욱 보강해 주고 있는 것이 특징이다. 알영의 탄생은 용과 우물과 관련되어 있으므로 이것은 물과의 관련을 의미하며 결국 농경과 깊은 관련을 보이고 있는 것이다.

『삼국유사』에는 건국신화인 박혁거세 신화와 아울러 시조신화인 석탈해 신화와 김알지 신화가 있다. 즉 신라는 박씨 성의 시조인 박혁거세와 석씨 성의 시조인 석탈해, 그리고 김씨 성의 시조인 김알지에 대한 신화를 가지고 있다. 그리고 신라는 박씨뿐만 아니라 석씨와 김씨가 왕위를 차지하였다. 고구려나 백제와는 달리 3성姓이 왕위를 차지하였기 때문에 3성의 시조 신화가 전해지고 있는 것이다.

신라 제4대 임금인 석탈해는 제3대 임금인 유리왕을 이어 즉위하였다. 그는 석씨의 시조로서 그의 탄생에 대한 이야기도 신이함을 바탕으로 신화로서 전하고 있다. 그의 신화는 『삼국유사』에 실려 있는데 석탈해의 신화는 박혁거세 신화보다 매우 사실적이다. 석탈해는 고기잡이를 생업으로 하고 학문과 지리를 익혀 노력을 통하여 자기의 실력을 과시하였다. 물론 탄생의 신이함과 골상이 비상한 점 등은 신화적 요소를 지니지만 그의 노력은 매우 인간적이다. 친어머니도 있고 양어머니가 있는 점도 인간적 묘사라고 하겠다. 또한 거짓 꾀를 내어 호공의 집을 취하는 대목은 매우 사실적으로 보인다. 그리고 탈해가 발견된 아진포 지역과 활동 지역을 볼 때 해상 활동과 관련된 점은 석탈해 신화의 특징이라고 할 수 있다. 이에 대한 보다 자세한 내용은 『삼국유사』 '탈해왕' 조에 실려 있다.

석탈해는 그 골상이 크고 신이하였으며 또한 신탁으로 동악에 안치하게 하여 토함산인 동악과의 관계가 긴밀하게 나타나 있다. 일연의 주석註釋에는 태종이 붕어한 후 문무왕 꿈에 노인의 모습으로 나타나 토함산에 소상을 만들라 하므로 문무왕이 이를 따르고 국가제사가 끊이지 않으니 동악신이라 하였다고 한다. 『삼국유사』를 살펴보면 통일 전쟁을 전후하여 노구老嫗나 노모老母의 용어가 보이지 않고 노옹老翁이나 노인老人으로 대체되어 나타난다. 예컨대 석탈해가 동해안에 이르렀을 때에는 노구가 나타나 그를 데려다가 길렀지만, 문무왕 대에는 노옹이 나타나 소상을 만들라고 하고 있다. 탈해는 토함산에 올라 양산을 바라보고 호공의 집을 취하였으며 요내정에서 하인인 백의의 충성을 시험하였으며 문무왕 대부터는 동악신으로서 국가 제사의 대상이 되어 그 제사가 고려시대까지도 끊이지 않았다고 기록되어 있어 그 신앙이 지속되고 있는 것을 알 수 있다.

김씨의 시조 김알지에 대한 신화는 『삼국사기』와 『삼국유사』에 실려 있는데 신성성이 농후하다. 탈해왕 9년(65) 3월에 왕이 밤에 금성의 서쪽 시림 나무 사이에서 닭이 우는 소리를 들었다. 여기서도 박혁거세 신화와 마찬가지로 신화의 현장은 숲이다. 또한 김알지의 탄생을 알리는 닭 우는 소리가 난 것은 혁거세의 탄생을 알리는 말 우는 소리와 그 구도가 같다. 김알지의 모습을 처음으로 본 것은 호공인데, 호공은 바로 석탈해에게 집을 빼앗기고 대보大輔에 오른 사람이다. 금색의 조그만 함이 나뭇가지에 걸려 있다고 한 것으로 보아 나뭇가지를 통해 내려왔다는 것을 유추할 수 있다. 금으로 된 함은 매우 귀중하다는 점을 말하며 함 안에 사내아이가 있었다는 것은 난생이 아니라 태생임을 알 수 있다. 다만 금함 안에 있다는 것으로 신성성을 나타내고자 하였으나, 이것은 난생신화보다 인간적이며 사실적이다. 그렇기 때문에 '알지'라 하였는데 알지는 아기라는 뜻이다. 이것을 난생으로 생각하여 알로 파악한 것은 명백히 잘못된 것이다.

종래에는 김알지 신화를 천강신화와 난생신화가 복합된 것으로 이해하였으나 그는 태생이다. 그가 금함에서 나왔다고 되어 있을 뿐 알에서 나왔다는 기록이 없는데도 확대 해석한 것이다. 이는 난생신화와 연관시키려고 노력한 결과로서 알지의 신화는 매우 인간적이며 사실적이다. 석탈해의 신화와 마찬가지로 호공이 나타나고 있어 정치 세력과의 관련성을 의미하는 것이라 생각한다. 알지 탄생의 특징은 금함에서 태어났다는 점이다. 따라서 알지 탄생의 중요한 의미는 발달한 철기와 제련기술이라고 할 수 있으며 북방 세력의 진출과 관련이 있는 것이다. 알지 신화의 사실성은 이뿐이 아니다. 가계家系 역시 일곱 세대에 걸쳐 기록되어 있어서 신화로서는 후대적 표현이라고 생각된다.

『삼국유사』는 『삼국사기』와 달리 삼국뿐만 아니라 고조선을 비롯하여 부여와 고구려, 발해, 가야 등 남쪽과 북쪽의 고대 국가들을 망라하여 한국 고대 국가의 시간과 공간을 확대하여 기록하였다는 데 큰 의의가 있다. 또한 지배층뿐만 아니라 서민들에 대해서도 관심을 가지고 그들의 생활에 대해 기록을 남기고 있다는 데에도 그 의미가 있다. 따라서 『삼국사기』는 왕명에 의해 정치사를 중심으로 편찬한 관찬 사서이며, 『삼국유사』는 개인에 의해 문화사를 중심으로 편찬한 사찬 사서라고 불러야 하는 것이다. 그리고 『삼국유사』는 불교와 문학 및 민속에 대한 내용을 기록하여 전하였으므로 문화유산 아카이브라고 할 수 있는 것이다.

2. 불교문화적 가치와 의미

『삼국유사』에서 불교와 관련된 내용은 「흥법」편, 「탑상」편,

「의해」편, 「신주」편, 「피은」편, 「감통」편, 「효선」편 등으로 나뉘어 편성되어 있다. 「흥법」편은 불교의 전래, 수용, 공인에 대한 내용을 담고 있다. 순도가 고구려에 불교를 전한 것, 마라난타가 백제에 불교를 전한 것, 아도가 신라에 불교를 전한 것, 이차돈의 순교 등이 사실적으로 기록되어 있다. 삼국 불교의 전래와 수용 및 공인에 대한 자료가 상세하게 기록되어 있는 것이다.

고대의 불교 전래와 수용에 대해서는 많은 연구가 이루어졌으나 전래와 수용 및 공인에 대한 개념을 분명히 하지 않아 혼동을 일으켰다. 이것은 지나치게 지배층 위주로 고대의 불교를 이해하려고 하였기 때문이라 하겠다. 그러나 이는 전해 주는 쪽의 입장에서의 불교 전래, 받아들이는 쪽의 입장에서의 불교 수용, 국가의 법제적 조치로서의 불교 공인이라는 차원에서 나누어 살펴보아야 한다. 아울러 민간에의 전래와 수용, 왕실에의 전래와 수용을 나누어 보아야 실제에 접근할 수가 있다.

고대사를 이해하는 데 있어 불교의 전래와 수용에 대한 해명은 일찍부터 중요한 화두로 떠올랐다. 이 문제는 단지 고대 불교사와 사상사를 밝히는 데 국한되지 않고, 고대 사회와 고대 국가의 형성 문제와 함께 한국 고대사 연구에 있어 가장 중요한 문제로 대두되었다. 그러나 고대 국가 형성 문제와 맞물려 연구가 진행되다 보니 일본학자들이 일본 고대사를 연구하는 데 있어 불교가 지니고 있는 위치를 그대로 한국 고대사에 적용하는 오류를 범하였다. 즉 일본 고대사에서 불교가 차지하는 위치와 그것을 밝히고자 한 틀을 한국 고대사에 무비판적으로 대입한 것이다. 그 후 고대 국가 형성에 대한 이론적 검토가 다양해지고 한국 고대 국가 형성의 시기가 상향 조정됨에 따라 이에 대한 재검토가 불가피하였다. 그러나 아직도 불교의 전래와 수용 및 공인에 대한 개념의 혼란으로 연구가 지지부진하고 있는 실정이다. 또한 민간에 전래·수용된 불교와 왕실에 전래·수용된 불교를 구분하지 않아 더욱 난맥상을 보이고 있는 것이다. 오히려 『삼국유사』는 이를 분명히 구분하여 기록하고 있다.

외국으로부터 불교가 전래된 것과 이것을 그 사회가 주체적으로 수용하는 것, 그리고 국가가 이를 법제적으로 공인하는 것은 개념상에 분명한 차이가 있다. 그런 면에서 신라는 고구려와 백제에 비하여 불교가 전래된 것이 그렇게 늦었다고 할 수 없다. 이미 눌지왕 때 묵호자가 고구려로부터 와서 일선군

모례의 집에서 포교 활동을 하였으며, 양나라 사신이 왔을 때 왕실에 들어가 불교를 전래하였다. 더구나 소지왕 대에는 내전에 분향하는 수도승[焚修僧]이 자리 잡고 있었다. 그러나 이차돈이 토착 신앙의 중심인 천경림에 사찰을 지으려다가 강력한 반발에 직면하였으며, 그러한 경험이 신라인으로 하여금 불교를 받아들이는 것을 주저하게 하였던 것이다. 그러나 그러한 내부 진통을 겪으며 신라의 독특한 불교를 발전시켜 나가게 되었다. 처음에는 토착 신앙과 불교가 대립하였으나 차츰 융화하여 선仙·불佛 융화의 문화융합을 이루게 되었다. 우리는 『삼국유사』의 「흥법」편을 통하여 불교가 전래·수용·공인되는 과정을 알 수가 있으며, 토착 신앙과 불교가 융화하는 모습을 살펴볼 수가 있다. 일연은 우리 고대 문화의 특징인 문화융화 현상을 포착하고, 그러한 인식하에서 『삼국유사』를 찬술하였던 것이다.

로마시대에 무수한 기독교도들이 순교하였지만 순교 자체를 기독교의 공인으로 보지 않고, 밀라노칙령(313)에 의한 법제적 조치에 의해 기독교의 공인이 이루어진 것으로 본다. 조선시대 천주교가 들어와 신유박해(1801)와 병인박해(1866) 등 각종 박해를 받고 순교를 하였지만 그 자체로 공인된 것은 아니고, 고종 23년(1886) '조불수호통상조약'으로 불완전하나마 조선에 처음으로 천주교 신앙의 자유를 가져왔다. 이후 교민조약(1899)을 통하여 비로소 선교의 자유가 법적으로 인정된 것을 천주교의 공인이라고 한다. 따라서 진흥대왕 5년(544)에 대흥륜사를 짓고, 승려가 되는 것을 허락하였다는 것은 법제적 조치로서 공인이라고 할 수 있는 것이다. 이와 같이 일연은 불교의 전래와 수용 및 공인의 과정을 뚜렷하게 구분하여 기록하고 있다.

「탑상」편은 황룡사 9층탑을 비롯한 불탑과 불상, 불전과 장엄구 같은 불교문화의 조성과 과정을 밝히는 등 불교미술에 대한 내용이 실려 있다. 황룡사의 경우 그 터를 발굴하면서 『삼국유사』의 기록이 정확하다는 것이 또다시 입증되었다. 「의해」편에는 학승들의 입당구법 사실과 불법을 전하는 행적이 기록되어 있으며, 고승들의 전기를 통해 교리의 이해와 포교 활동을 서술하였다. 즉 원광법사, 원효성사, 의상법사 등의 행적 등이 나타나 있으며, 그들의 사상과 활동이 수록되어 있다. 일연은 불교사의 시대적 흐름에 중점을 두어 신라 불교 사상사를 구성하였으며, 여기에 수록된 인물들이 중심이 되어 전개된 것으로 파악하였다. 선종 승려들에 대해서는 언급을 하지 않았는데 이는 아마 일연의 저서인 『조파도』와 『조정사원』에서 선종 사상사에 대해서는 정리하였기 때문이라고 생각한다. 「탑상」편은 불교의 문화유산 중심으로 구성되었으며, 「의해」편은 승려 등 인물 중심으로 구성되어 있다. 그리고 「탑상」편의 '가섭불 연좌석' 조, '금관성 파사석탑' 조, '흥륜사 벽화 보현' 조, '어산 불영' 조, '무장사 미타전' 조 등을 보면 일연이 직접 현장을 답사하여 확인하고 기록을 남겨 불교의 유·무형의 문화유산에 대한 관심이 지대하였다는 것을 알 수 있다.

한편 「신주」편은 밀본, 혜통, 명랑 등 밀교 승려들의 행적을 보여 주고 있다. 「감통」편은 불교의 영험함이 나타난 사실들을 기록하고 있다. 「피은」편은 승려와 거사들이 속세를 떠나 은둔한 이야기들을 남기고 있다. 「효선」편에는 효행과 선행을 행한 진정사, 김대성, 향득, 손순 등의 이야기를 기록하였다. 『삼국유사』는 「의해」편과 「탑상」편 및 「효선」편을 통해 화엄 사상, 밀교 사상, 미륵 신앙, 관음 신앙에 대한 내용을 전하고 있다. 이와 같이 「의해」편과 「감통」편 및 「피은」편을 통해 출가를 통한 출세간의 세계를 보여 주고 나서, 「효선」편을 통해 세속 생활의 극치인 효행을 제시하여 출세간의 세계를 보완하고자 하였다고 할 수 있다. 그리고 『삼국유사』는 불교의 신앙뿐만 아니라 불교미술과 불교의례 등 불교문화 전반에 대한 실상을 전하고 있어 불교문화의 아카이브라고 할 수 있다. 『해동고승전』은 자료를 일부 가필하고 윤색하여 수록하고 전거를 밝히지 않은 것이 많은 데 비하여 『삼국유사』는 원자료를 보다 충실하게 인용하고 그 전거를 밝히고 있어서 더욱 가치가 있는 것이다.

3. 고전 문학적 가치와 의미

『삼국유사』에는 많은 설화와 향가, 찬시 등 한국의 고전 문학의 자료를 남기고 있어 고전 문학의 보고라고 할 수 있다. 한국 고대의 산문과 운문들을 모두 남기고 있으니 서사 문학과 시 문학의 자료집이라 할 수 있다.

권1 「기이」 제1에는 역대의 왕조들에 대한 내용과 함께 연오랑과 세오녀가 일본에 가서 왕과 왕비가 되었다는 설화, 소지왕 대 거문고 갑을 쏘라는 사금갑 설화, 진지왕 대 도화녀와 비형랑 설화, 선덕왕이 이미 세 가지 일을 알았다는 설화, 장춘랑

각 편의 설화 조목과 설화 내용

편명	조목	설화
「기이」 제1	1. 연오랑 세오녀	연오랑 세오녀가 일본에 가서 왕이 되었다는 설화.
	2. 사금갑	소지왕 대 거문고 갑을 쏘라는 설화.
	3. 도화녀 비형랑	진지왕 대 도화녀와 비형랑 설화.
	4. 선덕왕 지기삼사	선덕왕이 이미 세 가지 일을 알았다는 설화.
	5. 장춘랑 파랑	장춘랑과 파랑이 꿈에 나타나 자신 등의 명복을 빌어 달라고 하였던 설화.
「기이」 제2	1. 만파식적	신문왕 대 만파식적 설화.
	2. 수로부인	성덕왕 대 수로부인 설화.
	3. 경덕왕 충담사 표훈대덕	경덕왕 대 표훈대덕이 하늘을 왕래한 설화.
	4. 흥덕왕 앵무	흥덕왕 대 앵무새 설화.
	5. 처용랑 망해사	헌강왕 대 처용 설화.
	6. 무왕	백제 무왕 대 서동 설화.
「흥법」 제3	1. 원종 흥법 염촉 멸신	법흥왕이 불교를 진흥시키고 염촉이 몸을 희생하였다는 이차돈 설화.
「탑상」 제4	1. 금관성 파사석탑	금관성의 파사석탑 설화.
	2. 전후 소장 사리	전후 소장 사리 설화.
	3. 미륵선화 미시랑 진자사	미륵선화 미시랑 진자사 설화.
	4. 남백월 2성 노힐부득 달달박박	남백월의 두 성인 노힐부득과 달달박박 설화.
	5. 낙산 2대성 관음 정취 조신	낙산의 두 성인 관음 정취와 조신 설화.

「의해」 제5	1. 보양 이목	보양과 배나무 설화.
	2. 양지 사석	양지가 석장을 부린 설화.
	3. 2혜 동진	혜숙과 혜공의 설화.
	4. 원효 불기	원효가 얽매이지 않았던 설화.
	5. 사복 불언	사복이 말하지 않았다는 설화.
	6. 진표 전간	진표가 간자를 전한 설화.
	7. 승전 촉루	승전과 돌 해골 설화.
「신주」 제6	1. 밀본 최사	밀본이 사악을 물리친 설화.
	2. 혜통 항룡	혜통이 용을 항복시킨 설화.
	3. 명랑 신인	명랑이 당나라 배를 침몰시켰다는 설화.
「감통」 제7	1. 선도성모 수희불사	선도성모가 기꺼이 불사를 도와주었다는 설화.
	2. 욱면비 염불서승	여종 욱면이 염불하여 서방정토로 올라갔다는 설화.
	3. 선율 환생	선율이 환생하였다는 설화.
	4. 김현 감호	김현이 호랑이를 감동시켰다는 설화.

과 파랑이 꿈에 나타나 자신 등의 명복을 빌어 달라고 하였던 설화 등이 실려 있다.

권2 「기이」 제2에는 신문왕 대 만파식적 설화, 성덕왕 대 수로부인 설화, 경덕왕 대 표훈대덕이 하늘을 왕래한 설화, 흥덕왕 대 앵무새 설화, 헌강왕 대 처용 설화, 백제 무왕 대의 서동 설화 등이 실려 있다.

권3「흥법」제3에는 법흥왕이 불교를 진흥시키고 염촉이 자신의 육신을 희생하였다는 이차돈 설화, 권3「탑상」제4에는 금관성의 파사석탑 설화, 전후 소장 사리 설화, 미륵선화 미시랑 진자사 설화, 남백월의 두 성인 노힐부득과 달달박박 설화, 낙산의 두 성인 관음 정취와 조신 설화 등이 실려 있다.

권4「의해」제5에는 보양과 배나무 설화, 양지가 석장을 부린 설화, 혜숙과 혜공의 설화, 원효가 얽매이지 않았던 설화, 사복이 말하지 않았다는 설화, 진표가 간자를 전한 설화, 승전과 돌해골의 설화 등 고승들의 이야기가 실려 있다.

권5「신주」제6에는 밀본이 사악을 물리친 설화, 혜통이 용을 항복시킨 설화, 명랑이 당나라 배를 침몰시켰다는 설화 등이 실려 있다.「감통」제7에는 선도산의 성모가 기꺼이 불사를 도와주었다는 설화, 여종 욱면이 염불하여 서방정토로 올라갔다는 설화, 선율이 환생하였다는 설화, 김현이 호랑이를 감동시켰다는 설화 등이 실려 있다.「피은」제8에는 낭지가 구름을 탄 것과 보현보살 나무에 대한 설화, 명예를 피하던 연회의 문수점 설화, 신충이 벼슬을 그만두고 입산한 설화, 포산의 두 성사 도성과 관기에 대한 설화, 물계자가 전쟁에서 공을 세웠으나 자기를 알아주지 않자 산으로 피신한 설화, 경덕왕 대의 다섯 비구에 대한 설화 등이 실려 있다. 「효선」 제9에는 진정법사의 효행과 선행이 모두 아름답다는 내용의 설화, 김대성이 두 세상의 부모에게 효도하기 위해 불국사와 석불사를 세웠다는 설화, 경덕왕 대 향득사지가 다리 살을 베어 아버지를 공양하였다는 설화, 흥덕왕 대 손순이 아이를 땅에 묻다가 석종을 발견하였다는 설화 등이 실려 있다.

이들 설화들은 권5에 집중적으로 실려 있는데, 단순한 이야기로 끝나는 것이 아니라 그 당시의 사회상을 잘 보여 주고 있다는 점에서 역사적인 의미도 갖고 있어 사화史話라고 할 수도 있다. 이러한 설화들은 이후 여러 설화집에 인용되고 있어서 한국 고전 문학의 전통을 이어 주는 원천이라고 할 수 있다. 또한 『삼국유사』에 실린 설화는 한국 고대사의 대체적인 역사 흐름이나 그것을 주도한 구체적인 인물의 행적 또는 역사적 사실의 전개 등을 비유하거나 암시하여 알레고리로 표현하고 있다.

한국 고대의 노래인 향가는 『삼국유사』에 14수, 『균여전』에 11수 등 모두 25수가 남아 있다. 『삼국유사』 권2 「기이」 제2에는 「모죽지랑가」, 「헌화가」, 「안민가」, 「찬기파랑가」, 「서동요」가 실려 있다. 권3 「탑상」편에는 「도천수대비가」, 권5 제7 「감통」편에는 「원왕생가」, 「도솔가」, 「제망매가」, 「혜성가」, 권5 제8 「피은」편에는 「원가」와 「우적가」가 실려 있다.

각 편의 향가 조목과 향가 제목

편명	조목	향가
「기이」 제2	효소왕 대 죽지랑	「모죽지랑가」
	수로부인	「헌화가」
	경덕왕 충담사 표훈대덕	「안민가」
		「찬기파랑가」
	처용랑 망해사	「처용가」
	무왕	「서동요」
「탑상」 제4	분황사 천수대비 맹아 득안	「도천수대비가」
「감통」 제7	광덕 엄장	「원왕생가」
	월명사 도솔가	「도솔가」
		「제망매가」
	융천사 혜성가 진평왕 대	「혜성가」
「피은」 제8	신충 괘관	「원가」
	영재 우적	「우적가」

이를 보면 향가가 주로 「기이」편과 「감통」편에 집중해서 실렸으므로 향가의 내용이 신묘하고 기이한 이야기를 담고 있다고 할 수 있다. 그러나 현전 향가에 '남녀상열지사男女相悅之詞'가 없는 것은 신라 향가에 본래 그런 노래가 없어서라기보다 『삼국유사』의 찬자가 승려라서 향가가 선별되었다고 보기도 한다. 일연은 『삼국유사』에 향가 작품을 수록하였을 뿐 아니라 향가에 대한 여러 방면의 정보들을 기록으로 남겨 놓았다. 향가의 역사, 기능, 가치, 작자, 해설, 형태, 유통, 구전가요, 오류 지적 등을 남겨 그 문학적 가치가 더 소중한 것이다.

향가는 노래로 불리었을 것이므로 곡조가 있었을 것이나 오늘날 곡조는 알 수가 없다. 그러나 이는 기록으로 남아 있는 우리 음악의 효시라고 할 수 있을 것이다. 향가란 노래가 불교의 포교 수단이라는 점에서 본다면 범패의 가락과 곡조를 생각해 볼 수 있을 것이다. 한편 향가의 형식이 후대 시조와 연관된다는 점에서 시조창에서 그 흔적을 찾아볼 수도 있을 것이다.

한편 『삼국유사』에는 찬시가 48수 실려 있는데, 그중 찬자 일연이 직접 지은 찬시가 46수 실려 있어 문학적 관심을 끌고 있다. 『삼국유사』 소재 찬시는 서사의 내용을 운문으로 압축 요약한 것이기 때문에 선행 서사와 불가분의 관계에 있으며, 결국 찬시의 의미는 그것을 포함한 전체 서사 구조 내에서 부여받을 수 있다. 찬시란 편목의 내용에 대해 찬탄하는 것을 운문으로 표현한 것이다. 『삼국유사』에는 모두 140개의 조목이 있으며, 그중 44개의 조목에 48수의 찬시가 부기되어 있다. 대체로 한 조목 당 하나의 찬시가 있으나, '원종 흥법 염촉 멸신' 조에 2수, '남백월 2성 노힐부득 달달박박' 조에 3수, 그리고 '현유가 해화엄' 조에 2수의 찬시가 부기되어 있다.

찬시는 「기이」편에는 '천사옥대' 조, 「홍법」편에는 '순도 조려' 조, '난타 벽제' 조, '아도 기라' 조, '원종 흥법 염촉 멸신' 조, '법왕 금살' 조, '보장 봉노 보덕 이암' 조에 실려 있다. 「탑상」편에는 '가섭불 연좌석' 조, '요동성 육왕탑' 조, '금관성 파사석탑' 조, '황룡사 장6' 조, '황룡사 9층탑' 조, '사불산 굴불산 만불산' 조, '전후 소장 사리' 조, '미륵선화 미시랑 진자사' 조, '남백월 2성 노힐부득 달달박박' 조, '분황사 천수대비 맹아 득안' 조 등에 실려 있다. 「의해」편에는 '원광 서학' 조, '양지 사석' 조, '귀축 제사' 조, '2혜 동진' 조, '자장 정율' 조, '원효 불기' 조, '의상 전교' 조, '사복 불언' 조, '진표 전간' 조, '심지 계조' 조, '현유가 해화엄' 조 등에 실려 있다. 「신주」편에는 '밀본 최사' 조, '혜통 항룡' 조, 「감통」편에는 '선도성모 수희불사' 조, '욱면비 염불서승' 조, '경흥 우성' 조, '진신 수공' 조, '월명사 도솔가' 조, '선율 환생' 조, '김현 감호' 조 등에 실려 있다. 「피은」편에는 '낭지 승운 보현수' 조, ' 연회 도명 문수점' 조, '혜현 구정' 조, '신충 괘관' 조, '포산 2성' 조 '영재 우적' 조, 「효선」편에는 '대성 효이세부모 신문왕 대' 조 등에 실려 있다.

찬시가 「기이」편에는 '천사옥대' 조 1수만 있고, 나머지는 모두 「홍법」편 이하 불교 관련 편목에 실려 있다. 일연이 직접 지은 찬시는 46수인데, 주로 일연 자신의 신앙심에서 우러나오는 감동을 바탕으로 하여, 주로 불력의 영험이나 이적 등을 감동 깊게 읊었다. 14수의 향가와 48수의 찬시를 붙이는 과정에서 일연은 이야기와 노래가 결합하여 하나의 완성된 서사를 마무리 짓는 데 분명한 개념을 세웠다고 할 수 있다. 찬시는 저자 일연의 인생관이나 역사인식을 집약적으로 반영하고 있으며, 저자로서 전하고 싶은 이야기를 담고 있다고 볼 수 있다. 그런데 이를 구체적으로 분석해 보면 승려가 개인적인 수행뿐만 아니라 사회와의 관계 속에서 현실에 참여하며 국가에 기여할 수 있어야 한다는 내용을 전하고 있다. 당시 몽골의 간섭하에서 민족 구성원 모두가 함께 노력하여 국가를 지켜야 한다는 호국 의식이 나타나 있다고 하겠다.

운문은 문학성이 짙은 반면 산문은 사평史評의 성격이 강하다는 점에서 일연의 찬시는 문학성이 강한 편이라 할 수 있다. 그런 면에서 향가와 찬시는 같은 서사적 문맥을 공유하고 있다. 향가는 편찬자에 의해 선택되었으며 개작되었을 가능성 또한 존재하나 전승 시기의 사회적 인식을 보여 준다. 한편 찬시는 일연이 창작한 것으로 개인의 인식과 사회적 지향을 보여 준다. 향가와 찬시를 비교 고찰한 연구는 최근에야 이루어지고 있다. 향가는 이상과 현실의 부조화가 드러나며 상실의 세계를 그리고 있으며, 찬시는 주체와 세계가 조화로운 세계를 그리고 있다고 보고 있다. 한편 향가는 즉흥적 시간관과 현장성을 담고 있으며, 단편화된 스토리를 갖고 있고, 찬시는 통시적 시간관을 갖고 총체적인 불교적 시각으로 고찰하였다고 보기도 한다. 여하튼 이들 향가와 찬시는 고려와 조선시대를 거쳐 현대에 이르러 범패나 시조창으로 그 전통을 계승시켰으므로 민족문화의 전통적 가치와 의미를 지닌다고 하겠다.

4. 민속문화적 가치와 의미

『삼국유사』는 천신, 산신, 용신 등 토착 신앙과 서민 생활에 대한 자료를 남겨 지금은 사라졌거나 흔적이 남아 있는 민속문화의 아카이브로서 민족지民族誌라고 할 수 있다. '고조선' 조의 환웅 신화와 단군 신화를 보면 천신 신앙, 산신 신앙, 수목 신앙, 토테미즘 등 토착 신앙에 대한 내용과 삼칠일, 백일, 돌 등 민속의례는 물론 환인과 환웅 및 단군 등 삼신을 모시는 삼신 신앙의 원초적 모습을 남기고 있다. 아울러 노구와 노옹 등에 관한 귀중한 기록을 남겨 고대 토착 신앙에 대한 실상을 엿볼 수 있다. '김유신' 조에서는 화랑의 수련 과정과 신비 체험, 그리고 호국 여삼신의 실체와 관계를 보여 주고 있다.

'문호왕 법민' 조에서는 화장 의례와 용신 신앙에 대한 자료를 남기고 있으며, '수로부인' 조와 '처용랑 망해사' 조 및 '진성여왕 거타지' 조에도 용신과 관련된 내용이 실려 있다. 한편 '가락국기' 조에는 수로왕의 등장과 함께 황후 허황옥과의 국제 결혼 의례 과정이 사실적으로 실려 있다.

한편 '아도 기라' 조를 보면 '전불칠처가람지허前佛七處伽藍之墟'

라고 하여 고대 토착 신앙의 흔적을 잘 남기고 있다. 전불시대 7곳의 절터라고 하면서 천경림天鏡林(흥륜사), 삼천기三川岐(영흥사), 용궁龍宮 남南(황룡사)과 북北(분황사), 사천미沙川尾(영묘사), 신유림神遊林(사천왕사), 서청전婿請田(담엄사) 등이라 하였다. 그 명칭을 통해서 알 수 있듯이 모두 불교가 전래되기 이전 토착 신앙의 제장祭場임을 알 수 있다. 천경림은 천신 신앙, 삼천기와 사천미는 하천 신앙, 용궁은 용신 신앙, 신유림은 수목 신앙, 서청전은 토지 신앙의 제장으로 고대 토착 신앙의 편린을 보이고 있다.

한편 '선도성모 수희불사' 조는 토착 신앙과 불교와의 관계를 잘 보여 주고 있다. 비구니 지혜가 불사를 하려고 하는데 선도산 성모가 꿈에 나타나 불사를 도와주는 대신 불·보살과 함께 6류 성중과 천신 및 5악 신군 등을 받들라는 내용은 산신 신앙과 불교와의 융화 현상을 보여 주고 있다. 현재 절에서 불·보살을 모시는 대웅전과 함께 산신을 모시는 산신각이 공존하는 전통이 이때부터 시작되었다는 것을 알 수 있다. 법흥왕 대에 이차돈이 순교하고, 진흥왕 대에 불교가 공인되었으며, 진평왕 대에 이르러 불교가 토착화되어 가는 모습을 보여 주고 있는 것이다.

한편 『삼국유사』에는 당시 서민들의 신앙과 생활에 대한 기록을 남겨 놓았다는 데 큰 의미가 있다. 『삼국유사』에 실린 서민 관계 사료가 바로 민중을 중심으로 하는 사관 속에서 나온 것은 아니다. 또 일연이 왕실을 비롯한 집권층과 가깝게 지냈던 행적을 감안한다면 문제가 있을 수 있다. 그러나 『삼국유사』에는 서민들에 대한 기사가 많이 기록되어 있으며, 특히 민속생활에 대한 기록이 비교적 많이 실려 있다. 더구나 지배층 위주로 찬술되어 있는 『삼국사기』와 비교해 볼 때 그 의미는 더욱 커질 수 있다. 일연이 민중주체사관을 갖고 있었던 것은 아니지만 역사에 있어 서민들의 역할을 중요시하고 서민 생활에 관심을 갖고 있었다는 데 중요한 의미가 있는 것이다. 무진주에 상수리 안길이 왕의 아우이며 재상인 거득 공과 직접 연결되었다는 기록은 지방 세력과의 소통과 네트워크를 의미한다. 분황사의 천수관음은 이름 없는 아이의 소원을 들어주고 민장사 관음은 만 리 밖에 표류해 간 그 아들을 데려다 준다. 황룡사의 승려 정수는 눈 깊은 겨울밤의 길가에서 아이를 낳고 얼어 죽어 가는 거지 모자母子를 자신의 체온으로 살려 내고 자기의 옷으로 구해 주고는 하늘의 지시에 따라 국사가 된다. 한편 이량 공의 노비였던 지통이나 아간 귀진 집의 여종이었던 욱면은 그 주인인 귀족보다도 먼저 성불의 길에 오른다. 가장 낮은 신분의 사람들이 성불하는 모습을 보여 줌으로써 간절하게 수행하면 누구나 성불할 수 있다는 믿음을 불어넣어 주려 한 것이다. 더구나 「효선」편의 내용은 모두 빈곤 무의탁의 신분으로서 그 효행과 선행에 따라 응보를 받는다는 서민의 생활에 대한 설화로 되어 있다.

이들 자료는 신라 백성의 민속 생활을 바탕으로 하여 서술되었다고 할 수 있다. 그리고 오늘날 우리에게 남아 있거나 지금은 소멸된 한민족의 여러 가지 민속들의 뿌리가 대부분 『삼국유사』에 기록되어 있는 사실을 알 수 있다. 일연이 역사적 '사건'보다 '사람과 문화와 사회'를 우위에 두고 저술함으로써 『삼국유사』는 우리 고대 문화에 대한 역사적 민족지로서 그 의미가 크다. 우리 민족의 전근대 사회에 있어 지배 엘리트들이 남긴 자료는 대부분 지배층에 대한 자료들만을 남기고 있다. 그런 면에서 일연은 『삼국유사』에서 서민들에 대한 관심을 가지고 서민의 신앙과 생활에 대한 기록을 남기고 있다는 점에서 역사민속학적 의미가 크다고 하겠다.

6장
『삼국유사』의 문화사적 의의와 영향

『삼국유사』는 아직도 책의 명칭으로 미루어 짐작하여 『삼국사기』를 보충한다는 뜻을 가지고 저술한 것으로 보고 있다. 그러나 앞에서 살펴보았듯이 이는 단순한 보충이 아니고, 저자 일연이 관심을 두고 있는 분야의 사료들을 광범하게 수집·분류하여 일정한 체제를 갖춘 사서 및 자료집으로 재구성한 것이다. 더구나 그는 자료들을 『삼국사기』에서와 같이 편찬자의 목적에 맞추어 수정·가필한 것이 아니라 전거의 제시와 함께 그 원형을 살려 소박한 내용을 그대로 전해 주고 있다. 그런 면에서 『삼국유사』가 『삼국사기』보다 사료적 가치가 높다는 평가를 할 수 있다.

또한 남아 있는 사서가 『삼국사기』와 『삼국유사』이기 때문에 『삼국사기』를 의식해서 『삼국유사』를 썼다고 하는 이야기가 일반화되고 있지만 『삼국유사』 서문에서는 그러한 내용이 나타나 있지 않다. 또한 '유사遺事'를 『삼국사기』에서 다루지 않았던 이야기들을 정리한 것이라고 하지만 시조신화와 불교 수용 관계 기사를 보면 『삼국사기』와 겹치는 부분이 있으며, 『삼국사기』를 인용하고 있는 것이다. 따라서 『삼국유사』는 『삼국사기』에 누락된 기사를 모아서 '남긴' 것이 아니라는 것을 알 수 있다. 『삼국유사』의 '유사'는 일연이 1231년 이후 몽골이 침입하여 우리의 황룡사를 불태우고, 대장경을 불태워 소실되자 민족의 문화유산을 남겨야 하겠다는 의도에서 자료를 모으기 시작하였던 것이다. 대장경을 다시 간행하는 작업에도 참여하였던 일연은 그 당시까지 남아 있던 신이사와 불교문화사에 해당하는 자료들을 모아 민족문화 데이터베이스를 구축한 것이다. 따라서 『삼국유사』는 민족문화유산의 아카이브라고 할 수 있는 것이다. 그런 점에서 『삼국사기』를 정사라 하고, 『삼국유사』를 야사라고 언급한 육당 최남선의 견해는 더 이상 의미가 없다. 『삼국사기』는 왕명을 받고 편찬한 정치사를 위주로 편찬한 관찬 사서이며, 『삼국유사』는 개인에 의해 문화사를 위주로 편찬한 사찬 사서이면서 민족문화 아카이브라고 불러야 할 것이다.

그러나 『삼국유사』 편찬의 의의가 여기에 그치는 것은 아니다. 민족적 자주성을 강조하는 입장이 『삼국유사』에 잘 나타나 있다. 즉 우리 역사의 출발점을 단군의 고조선으로 잡고, 그 시조를 중국이 아닌 하늘[天]과 연결시키고 있으며, 우리 고유문화와 전통문화를 소중하게 다루고 있다. 즉 민족사의 자주성과 그 문화의 우위성을 강조하는 인식이 전편에 흐르고 있다. 『삼국사기』에서는 다루지 않은 고조선, 부여, 발해, 가야 등을 우리 역사 체계 안에서 이해하고 있다. 이것은 우리의 역사와 문화가 유구하면서도 독자성을 가지고 있다는 인식에서 비롯된 것이다. 그와 같은 자각은 몽골과 긴 전쟁을 치르고 나서, 저들의 간섭을 받게 된 현실에서 발흥한 민족적 자주의식의 표현으로 이해할 수 있다. 중국에 대한 자국의 역사의 대등성, 그 유원한 자주성을 역설한 것은 이민족의 압제를 뿌리칠 수 없게 되어 있던 당시의 현실에서는 곧 저항적 국가의식의 표현이었다고 할 수 있다.

『삼국유사』와 거의 비슷한 시기에 찬술된 『제왕운기』에도

『삼국사기』에는 기록되어 있지 않은 고조선과 단군에 대한 내용이 나타난다. 환인과 환웅 및 단군에 대해 언급을 하고 있는데, 단군의 출생에 대해 단웅의 손녀가 약을 먹고 단수신과 혼인하여 남자아이[男兒]를 낳았다는 부분이 『삼국유사』 '고조선' 조의 내용과 다르다. 그리고 기자조선, 위만조선, 한사군, 삼한, 고구려, 북옥저 등에 대해서도 언급하고 있는데 이는 『삼국유사』의 영향이라고 볼 수 있다.

새로운 왕조가 건국되고 얼마 안 되어 국호가 '조선'이라고 정해지고 나서 곧 『삼국유사』가 재발간되었다는 것은 매우 중요한 의미가 있다고 할 수 있다. 숭유억불정책을 기조로 하는 왕조에서 건국되자마자 승려가 찬술한 『삼국유사』를 재간행하였다는 것은 새로운 왕조에 필요한 목적과 부합한 내용에 관심이 있었을 것이다. 그것은 바로 『삼국유사』의 첫 번째 조목인 '고조선' 조에 주목을 하였기 때문이다. 새로운 왕조를 개창한 개국공신들은 『삼국유사』의 첫 번째 조목인 '고조선' 조를 참고하여 국호를 '조선'으로 삼은 것이다. 국호는 국가적 목표와 이상을 담고 있는데 『삼국유사』에 실려 있는 고조선(단군조선, 기자조선), 위만조선에서 참고하여 새로운 왕조의 국호를 '조선'이라고 정한 것이다. 공민왕 이래로 '조선'이라는 칭호는 외교문서에 더러 나타나는데 중국과 구별된 동쪽의 역사 공동체를 대표하는 의미로 사용되었다. 이는 『삼국유사』와 『제왕운기』에서 고조선을 언급한 이후에 나타난 현상이라고 할 수 있다. 대내적으로는 단군조선에 방점을 두고, 대외적으로는 기자조선에 방점을 두어 명나라에 국호를 신청하였던 조선 왕조는 1373년 초에 명나라가 국호를 '조선'으로 정해 주자 다음 해(1374)에 '고조선' 조를 맨 앞에 언급한 『삼국유사』를 재간행하였던 것이다.

조선 왕조 건국 직후 조선의 단군은 동방에서 처음으로 천명天命을 받은 임금이고, 기자는 처음으로 일으킨 임금이므로 역사적인 의미를 부여하면서 제사를 지내야 한다는 인식이 나타나 있다. 새 왕조가 국내적인 차원에서 조선이라는 국호를 생각한 것은 단군과 기자의 계승자라는 의미가 내재되었다고 할 수 있다.

이성계가 즉위한 다음 달에 예조판서 등이 새 왕조의 제례 문제를 논의하였는데 단군은 동방수명지주東方受命之主이며 기자는 시흥교화지군始興敎化之主라 하며 평양부로 하여금 제사를 지낼 것을 건의하였다. 그 이후 권근 등이 태종의 명에 의하여 편찬한 관찬 사서 『동국사략』에서 삼국 이전의 단군조선, 기자조선, 위만조선, 한사군, 2부, 삼한의 역사를 언급한 내용은 『삼국유사』와 『제왕운기』의 영향을 받은 것이다. 이어서 편찬된 『동국사략』에도 단군 신화가 실려 있으며, 『세종실록』 「지리지」에도 단군 신화가 실려 있는 것이다. 그리고 세종 대에 단군의 사당을 따로 세웠다가 고구려 시조 주몽과 합사하였는데 '숭령전'이라 불리었다. '기자전'의 신위는 '후조선시조後朝鮮始祖'로, 단군의 신위는 '조선단군朝鮮檀君'으로 하여 단군을 전조선의 시조로, 기자를 후조선의 시조로 표현하고 있다. 평양의 '단군묘'가 정부에서 세운 단군의 공식적인 사당인 데 반하여 구월산의 '삼성사'는 토속적이고 민간 중심의 단군 숭배 제장이었다. 그런데 삼성사에 있는 단군의 축문을 평양 단군사당의 예에 따라 '전조선단군前朝鮮檀君'으로 표기하고 있다. 구월산에 환인과 환웅 및 단군을 모시는 사당[三聖祠]는 10세기 이전부터 나타나며, 그래서 『삼국유사』에서 일연은 태백산을 구월산이라고 주기註記하였던 것이다.

그 후 서거정이 찬한 『삼국사절요』에는 단군조선과 기자조선, 위만조선, 사군, 2부, 삼한 등이 「본기本紀」에 기록되지 않았으나 「외기外紀」에 남아 있다. 『동국통감』에도 「외기」로 수록되어 있지만, 단군과 고조선에 대한 내용을 『삼국유사』가 인용한 「고기」를 근거로 내용을 기록하고 있다. 그리고 조선 후기의 사서에도 고조선과 단군에 대한 이야기는 어떤 형태로든지 기록되게 되었다. 안정복의 『동사강목』에서는 단군을 기자가 동방으로 온 사적에 붙이되 마한을 정통으로 하면서 진한, 변한, 예, 맥, 옥저 등을 부기하면서 『삼국유사』를 '이단의 허망하고 황당한 괴설'이라고 비판하고 있다. 그러나 한치윤의 『해동역사』에서는 단군조선, 기자조선, 위만조선 등을 시기적으로 「세기世紀」에 편목하고, 삼한, 예, 맥, 부여, 옥저 등도 「세기」에서 다루고 있다. 이는 『삼국유사』와 『제왕운기』에서 영향받은 것이라고 할 수 있다. 이러한 서술은 조선시대 말까지도 계속 이어져 개화기 교과서에도 고조선과 단군에 대한 이야기는 기록이 되었다.

그러나 일제강점기에 들어서 고조선과 단군에 대한 이야기를 황당한 이야기로 몰아붙여 역사서에서 사라지게 되었다. 특히 '조선사편수회'에서 『조선사』를 편찬하면서 고조선과 단군에 대한 사실을 기록하지 않으면서 이는 단순한 설화로서 전락하게 된 것이다. 그러나 20세기에 들어와 『삼국유사』는 이능화에 의해 불교 사료로 적극 활용되었으며, 최남선이 『삼국유사』를 주목하여 해제를 하면서 고조선과 단군에 대한 역사적 의미를 부여하여 '조선광문회'에서 『삼국유사』를 간행한 것이 그나마 다행이라 하겠다. 그러나 『삼국사기』를 정사라 하고 『삼국유사』를 야사라고 하여 그 한계를 드러내었다. 광복 이후 신민족주의 사학자인 손진태가 '『삼국유사』의 사회사적 고찰'을 통해 『삼국유사』의 역사적 의미를 재강조하고 역사서로서의 위상을 확보하게 하였다. 그러나 한국 고대사 연구는 남한학계에서 실증사학의 입장이 주류를 이루면서 『삼국사기』는 정사이며 『삼국유사』는 야사라고 하는 최남선이 주장한 견해가 이어졌다고 할 수 있다.

그러나 1970년대부터 문화사에 대한 연구가 본격적으로 진행되면서 『삼국유사』는 역사학계뿐만 아니라 불교학계, 국문학계, 국어학계, 종교학계, 고고학계, 미술사학계, 민속학계 등 여러 분야에서 종합적으로 연구가 이루어지면서 『삼국사기』보다 더 다양한 연구가 진행이 되고 있다. 『삼국사기』는 역사학계에서 중심적으로 연구가 이루어졌지만 『삼국유사』는 역사학계를 비롯한 여러 분야에서 각기 이루어지고 또한 여러 학계의 연구들이 학제적으로 종합적으로 이루어지기도 하였다. 『삼국사기』는 신라와 고구려 및 백제의 정치사에 대한 사료라고 한다면 『삼국유사』는 고조선부터 고려까지의 정치, 경제, 사회, 문화 등 여러 분야의 사료 및 자료집이라고 할 수 있기 때문이다. 따라서 『삼국유사』에 대한 판본 고증과 번역서, 주석서들이 다양하게 출판되어 전문가뿐만 아니라 일반인들도 『삼국유사』에 대해 많은 관심을 가지고 있다. 이는 『삼국사기』가 한국 고대의 정치사를 연구하는 사서에 국한되는 반면에 『삼국유사』는 한국 고대의 정치사, 경제사, 사회사, 문화사를 연구하는 데 있어서 민족문화의 종합적인 아카이브이기 때문이라 하겠다.

뿐만 아니라 『삼국유사』는 민족문화의 데이터베이스로서 그 내용이 한국의 전통적인 정서와 맥이 닿아 있으므로 소설이나 시 등 근대 문학의 소재로 많이 활용되었다. 이광수, 김동리, 서정주 등 한국의 대표적인 문인들이 『삼국유사』를 소재로 많은 작품을 남겼다. 대표적인 작품으로 이광수의 『꿈』을 들 수 있는데 이 작품은 '낙산의 두 대성인 관음과 정취, 조신' 조의 내용을 소재로 조신調信의 꿈속에서 일어났던 일들을 소설화한 것이다. 이후 이 작품은 여러 차례 영화로 제작되어 상영이 되어 OSMU(One Source Multi Use)의 선례를 남긴 바가 있다. 한편 김동리는 신라의 화랑과 원화에 관심을 가지고 『삼국유사』의 내용을 소재로 하여 「회소곡」, 「기파랑」, 「최치원」, 「수로부인」, 「김양」, 「왕거인」, 「강수선생」, 「눌지왕자」, 「원화」, 「우륵」, 「미륵랑」, 「장보고」, 「양미」, 「석탈해」, 「호원사기」, 「원왕생가」 등 16편의 작품을 남겼다.

그 이후 『삼국유사』의 내용을 소재로 각색한 영화와 드라마들이 제작되었다. 문화콘텐츠란 대단히 넓은 범주의 개념인데, 흔히 영화·애니메이션·게임·캐릭터와 같이 엔터테인먼트 산업에 들어가는 문화적 내용물을 의미하기도 한다. 최근에는 영화와 드라마뿐만 아니라 애니메이션이나 게임 등에서 『삼국유사』의 내용을 소재로 하거나 캐릭터화하여 다양한 장르에서 문화콘텐츠로 활용하고 있다. 또한 『삼국유사』를 대중 사회의 텍스트로 인식하고, 이를 콘텐츠화하려는 연구가 지속적으로 발표되고 있다. 이러한 연구들은 『삼국유사』에 포함된 신앙 생활과 문화, 의례와 제례, 그리고 의식주 등을 현대적 텍스트, 특히 영화나 드라마로 재현하는 것에 초점을 맞추고 있다.

| 맺음말 |

『삼국사기』를 편찬한 김부식은 12세기에 관료 생활을 하며 요나라에 대한 출병을 반대하거나 금나라에 대한 유화적 관계를 주도하는 등, 명분보다는 주로 현실적 이해를 크게 고려하는 외교 노선을 취하였다. 그는 묘청의 난이 일어났을 때 이를 진압하는 총책이 되어 문하시중門下侍中으로서 최고의 권력 수반이 되었던 인물이다. 만년에는 현직에서 물러나 편수관編修官 10여 명과 함께 『삼국사기』를 편찬하였다. 그는 비슷한 정치 환경에서 송나라의 사마광司馬光이 저술한 『자치통감資治通鑑』을 염두에 두고 기전체로 편찬한 것이다.

한편 『삼국유사』를 편찬한 승려 일연은 선승으로 홀로 20여 년간 수행을 하고 13세기 후반 몽골의 침략을 막아 내고자 '남해분사대장도감'에서 추진한 대장경 간경 사업에 참여하여 민족의 문화유산을 남겨야 하겠다는 의식을 가지고 그가 주석한 사찰을 중심으로 자료를 모았다. 물론 그의 문도들도 자료를 모으고 편찬하는 데 도왔으리라 생각한다. 그러나 사찰의 주지직을 수행하고 왕명을 수행하느라 이를 제대로 정리할 시간이 많지 않아 국존國尊이 되어 만년에 인각사에 가서 정리하였다. 출간은 입적 후에야 제자들에 의해 이루어졌다. 따라서 체제가 정연하지 않고 일관성이 부족하며, 신라 중심으로 구성하였다는 한계가 있다. 그러나 『삼국사기』와 『해동고승전』이 갖고 있는 한계를 극복하고자 하였다는 데 커다란 의미가 있다고 하겠다.

『삼국유사』는 『삼국사기』를 단지 보충하였다는 데 그치지 않고, 한국의 역사를 반만년의 유구한 역사라고 일컬을 수 있도록 하는 귀중한 기록을 남기고 있다. 책 이름은 『삼국유사』이지만 고구려, 백제, 신라 삼국뿐만 아니라 고조선, 부여, 삼한, 가야, 발해 등 한국의 고대 국가 모두를 망라하고 있다. 특히 '고조선' 조에서 소위 '단군 신화'를 통해 한국의 역사가 중국의 역사와 같은 시기에 비롯하였다는 것을 보여 줌으로써 한국 역사의 유구성과 독자성을 분명히 밝히고 있다. 또한 한반도의 북방에 존재하였던 부여, 남쪽에 존재하였던 삼한에 대한 기록을 남겨 삼국 시기 이전의 상고사를 체계적으로 서술하고 있다.

또한 『삼국유사』는 『삼국사기』에 국명만 언급한 가야와 발해에 대한 기록을 남겨 한국사의 범주를 분명히 하고 있다. 따라서 저간에 일본과 중국이 한국의 역사를 왜곡하는 데 대응하여 가야사와 고구려사 및 발해사의 정체성을 분명하게 확인시켜 주었다. 만약 『삼국유사』가 남아 있지 않고 『삼국사기』만 남아 있었다면 중국의 '동북공정東北工程'에 의한 고구려사 왜곡을 어떻게 대처하였을까 하며 『삼국유사』의 중요성을 다시 한번 깊이 인식하였던 기억이 난다. 또한 『삼국유사』의 '가락국기' 조가 없었다면 일본의 '임나일본부설任那日本府說'을 비롯한 '남조선경영설南朝鮮經營說' 등의 역사 왜곡에 대응하기가 쉽지 않았을 것이다.

더구나 『삼국유사』는 불교와 토착 신앙에 대한 기록을 남겨, 한국의 고유한 문화를 엿볼 수 있는 귀중한 정신문화의 보고 역할을 하고 있다. 특히 불교가 전래되기 이전의 토착 신앙과, 불교가 수용되면서 대립과 갈등하는 양상과 융화되어 가는 과정을 사실적으로 보여 주고 있는 것이다. 가장 대표적인 것이

유교와 불교 및 토착 신앙이 어우러진 화랑도를 들 수 있는데 이러한 유·불·선 융합의 전통은 고려로 이어졌다. 조선시대에는 유교 중심의 사회가 되었지만 말기에 이르러 유·불·선과 서학을 융합하고자 한 동학 사상에서 다시 나타난다. 그리고 이러한 전통이 지금까지도 전해져서 한국은 여러 종교가 공존하는 글로벌 사회에 몇 안 되는 종교 다문화 국가의 양상을 보이고 있다.

『삼국유사』는 한국 역사의 공간을 한반도와 북방 지역으로 확장하였으며, 바다에 관련된 자료를 많이 남기었다. 서해안, 남해안, 동해안 등뿐만 아니라 남중국해와 인도양 등 머나먼 해양을 활동 영역으로 인식하고 있는 것이 특징이라 하겠다. 일연이 『삼국유사』에서 역사의 유구성과 영토의 광범성, 그리고 민족주체의식을 강조한 것은 국가에 대한 관심이며, 이는 몽골의 간섭하에서 고려 왕조의 국가의식을 공고히 하고자 한 목적이었다고 할 수 있다. 같은 시기에 베트남에서 간행된 『영남척괴열전』도 베트남 민족의 기원과 국가 형성에 관해 기록한 책으로 몽골의 압제에 저항적인 국가의식을 고취하고자 간행된 것으로 궤를 같이한다.

또한 『삼국유사』는 승려들에 대해서 많은 기록을 남기고 있을 뿐만 아니라 남녀노소 서민들의 생활에 대해서도 기록을 많이 남기고 있다. 그리고 승려이지만 불교에 대한 내용뿐만 아니라 토착 신앙과 도교 및 유교에 대해서도 관심을 가지고 기록을 남기고 있는 것을 「감통」편과 「피은」편 및 「효선」편을 통해 볼 수 있다. 『삼국유사』는 정치와 종교, 신화와 역사, 중앙과 지방, 지배 세력과 피지배 세력, 불교와 유교를 융·복합적으로 인식하여 유형과 무형의 문화유산을 기록한 민족문화의 아카이브라고 할 수 있다.

참고문헌

강인구 외, 2002-2003, 『역주 삼국유사』 1-5, 이회문화사.

고운기, 2002, 『우리가 정말 알아야 할 삼국유사』 1-2, 현암사.

고익진, 1989, 『한국고대불교사상사』, 동국대학교출판부.

김두진, 2014, 『삼국유사의 사학사적 연구』, 일조각.

김복순, 2016, 『신라 사상사 연구』, 경인문화사.

김상현, 1999, 『신라의 사상과 문화』, 일지사.

김영태, 1979, 『삼국유사 소전의 신라불교사상연구』, 신흥출판사.

김영하, 2007, 『신라중대사회연구』, 일지사.

김태식, 2014, 『사국시대의 가야사 연구』, 서경문화사.

남동신, 1999, 『원효—영원한 새벽』, 새누리.

노태돈, 2020, 『고구려 발해사 연구』, 지식산업사.

동국대학교 신라문화연구소 편, 2001, 『황룡사의 종합적 고찰』, 경주시·신라문화선양회.

____________, 2009, 『신라인들은 효와 선을 어떻게 실천했는가?』, 경주시·신라문화선양회.

____________, 2010, 『명예보다 구도를 택한 신라인』, 경주시·신라문화선양회.

__________, 2013, 『신라 왕경유적과 고승이야기』, 경주시·신라문화선양회.

__________, 2015-2016, 『신라 왕경의 사찰』 I-II, 경주시·신라문화선양회.

동북아세아연구회, 1982, 『삼국유사의 연구』, 중앙출판.

문성화, 2015, 『삼국사기와 삼국유사의 역사인식과 역사의식』, 소명출판.

박대재, 2006, 『고대한국 초기국가의 왕과 전쟁』, 경인문화사.

박방룡, 2013, 『신라도성』, 학연문화사.

박진태 외, 2002, 『삼국유사의 종합적 연구』, 박이정.

서영대 편, 1995, 『북한학계의 단군신화연구』, 백산자료원.

신선혜, 2016, 『신라 중고기 불교교단 연구』, 고려대학교 박사학위논문.

신종원, 1992, 『신라초기불교사연구』, 민족사.

신호철, 1993, 『후백제 견훤정권연구』, 일조각.

안계현, 1983, 『한국불교사상사연구』, 동국대학교출판부.

양정석, 2004, 『황룡사의 조영과 왕권』, 서경문화사.

이강래, 2017, 『《삼국사기》 읽기』, 세창미디어.

이기백, 1986, 『신라사상사연구』, 일조각.

이영호, 2014, 『신라 중대의 정치와 권력구조』, 지식산업사.

이재호 역, 1997, 『삼국유사』 1-2, 솔.

일연학연구원, 2005, 『삼국유사』 창간호, 일연학연구원.

정구복 외, 1987, 『삼국유사의 종합적 검토』, 한국정신문화연구원.

정병삼, 1998, 『일연과 삼국유사』, 새누리.

정호섭, 2011, 『고구려 고분의 조영과 제의』, 서경문화사.

조동일, 2010, 『동아시아 문명론』, 지식산업사.

조법종, 2006, 『고조선 고구려사 연구』, 신서원.

조현설, 2003, 『동아시아 건국 신화의 역사와 논리』, 문학과지성사.

주보돈, 2017, 『가야사 새로 읽기』, 주류성.

채상식, 2017, 『일연 그의 생애와 사상』, 혜안.

최광식, 2007, 『한국고대의 토착신앙과 불교』, 고려대학교출판부.

______, 2018, 『삼국유사의 신화 이야기』, 세창출판사.

최광식·박대재, 2009, 『점교 삼국유사』, 고려대학교출판부.

최광식·박대재 역주, 2014, 『삼국유사』 1-3, 고려대학교출판부.

최광식 외, 2018, 『삼국유사의 세계』, 세창출판사.

최남선, 1954, 『증보 삼국유사』, 민중서관.

三國遺事